回歸之路

回歸之路
香港經濟發展優勢重審

封小雲

CITY UNIVERSITY OF
HONG KONG PRESS
香港城市大學出版社

編　　輯	陳家揚
實習編輯	吳穎琛（香港城市大學翻譯及語言學系四年級）
書籍設計	蕭慧敏
排　　版	劉偉進　　Création 城大創意製作

本書圖片承蒙下列機構及人士慨允轉載，謹此致謝：

TwilightShow（頁5）、Thinkstock Images（頁9）、吳雍（頁18）、
Meiyi524（頁30）、李麗（頁49）、LUNAMARINA（頁70）、
LeeYiuTung（頁92、108、171）、Gang Zhou（頁115）、
RichieChan（頁130）、danielvfung（頁156）、
Peng-guang Chen（頁165）、ymgerman（頁198）

國際統一書號：978-962-937-317-7

出版

　　　香港城市大學出版社
　　　香港九龍達之路
　　　香港城市大學
　　　網址：www.cityu.edu.hk/upress
　　　電郵：upress@cityu.edu.hk

©2017 City University of Hong Kong

Pre and Post 1997——Developments in Hong Kong's Economy
(in traditional Chinese characters)

ISBN: 978-962-937-317-7

Published by

　　　City University of Hong Kong Press
　　　Tat Chee Avenue
　　　Kowloon, Hong Kong
　　　Website: www.cityu.edu.hk/upress
　　　E-mail: upress@cityu.edu.hk

Printed in Hong Kong

目錄

2017年是香港回歸祖國的20周年，也是澳門回歸祖國的18周年。在人類歷史的長河中，20年僅僅只是瞬間。但是，過去的20年，世界經濟確實發生了顛覆性的巨變。2008年的全球金融海嘯預示着美國主導的經濟全球化，從1990年代的頂峰墜落，導致全球經濟陷入持續停滯的長周期。隨着世界經濟版圖開始重組，歐美國家作為過去500年經濟增長的傳統核心地區，這種結構亦開始瓦解，中國及發展中新興經濟體逐步進入世界經濟增長的核心，成為推動全球經濟成長的主導力量。而新自由主義造成的經濟社會惡果，使資本主義世界體系面對結構式的調整和重大挑戰。凡此種種，均在昭告着全球經濟正在走向一個大變局的時代。而本書的主要內容，涉及過去20年的世界經濟大環境，以觀察香港和澳門在回歸之路上的經濟發展進程。

在20年的港澳回歸之路上，影響港澳經濟發展進程的重大因素和變數，可以歸納為以下三個方面：中國經濟的崛起、經濟全球化的發展，以及資本主義制度的調適走勢。

第一，是中國經濟的崛起和重新融入世界經濟體系的進程。事實上，香港在一百六十多年前淪為英國殖民地、澳門更於四百多年前就為葡萄牙所佔據，兩地與祖國的隔斷，是中國歷史上最為積貧積弱時期的產物。而回歸之路的展開，正是中國在世

界重新崛起、民族復興的必然歷史進程。因此，雖然港澳的回歸以1997年和1999年為時點，但回歸之路的起點、成功拉開回歸歷史序幕的，應該是1979年中國實施改革開放大戰略的時期。這不僅意味着中國重返世界舞台，經濟崛起和民族復興重新出發的起點，也是港澳得以重新融入與回歸中國的出發點。

中國開放之初，港澳的仲介和橋樑作用成為中國重返世界經濟舞台的主要路徑；而中國市場體制的建構，在很大程度上更是借鑒了港澳的經濟體制。這一進程的急速展開，促進了1980-1990年代港澳經濟與祖國之間的經濟聯繫重新復歸，且日益緊密地融為一體。港澳回歸之後，2001年中國加入世界貿易組織（WTO）、2003年簽訂的CEPA、2015年實行內地與港澳之間的服務貿易基本自由化，這些均是中國不斷融入世界經濟體系和全球市場所作出的努力。在這個進程中，中國經濟逐步崛起，最終在2010年成為全球第二大的經濟體。而香港得以在中國崛起的進程中，成為首屈一指的全球城市；澳門則成為排名世界首位的國際博彩之都。由此可見，正是中國因素，決定了港澳回歸之路的經濟發展進程，以及在世界經濟中的地位。從這個角度看，我們可以說，港澳經濟從1980年代起，尤其是回歸之後的20年，所取得的經濟成就與世界地位，本身就是中國重返世界舞台，且日益在全球經濟中崛起的歷史性一幕。

第二，是經濟全球化的發展進程。從歷史的角度看，1979-
1980年可以視為世界經濟史的一個重大轉捩點。在全球範圍
內，發生了導致1980年以後新一輪經濟全球化浪潮興起的重大
轉變。首先，在一個人口佔世界1/5、實行經濟管制的國家，中
國朝着市場化的轉變道路邁出了重要步伐。而大西洋對岸的英
國與太平洋彼岸的美國，在同一時期都啟動了私有化、為資本
鬆綁、國家退出社會供給領域等一系列改革措施。英國和美國
的改革和實踐，雖然分別發生在歐洲和美洲，國家治理的制度
也有所區別，但是其共同特點就是突破了過去的理論與觀點的
主流部分，把非主流理論變成了以後的主流理論。這就是1970
年代興起的新自由主義。1979-1980年，英美兩國開始實踐新
自由主義，使它以話語模式開始佔據主流地位。其核心內容就
是市場和貿易的自由。而中國市場化改革的目的，正是建立市
場經濟，與其核心內容相符。中國更在改革起步初期，就以香
港這個19世紀以來，一直實施自由市場的自由港作為借鑒。英
美主導的新自由主義，與中國開放市場的實踐互相結合，造就
了過去30年的新自由主義主導的經濟全球化，從而改變了全
球資本主義的運作方式，中國亦開始重新納入現代世界體之中
系，令其經濟逐步崛起。

經濟全球化使香港相繼成為全球製造和貿易網絡中的離岸服務中心、國際貿易和航運中心，更在回歸之後轉型為以先進服務業為主導的國際金融中心和全球城市；澳門則在回歸後通過博彩體制的改革和突破，成為全球居首的博彩旅遊國際都會。應當說，港澳，尤其是香港，成為在推動新自由主義的資本全球流動、形成全球經濟網絡之中，脫穎而出的優勝者。

然而，2008年的全球金融海嘯終結了新自由主義推動的經濟全球化，令全球經濟增長陷入一個長期動力不足的停滯階段。港澳也同樣面對經濟動力轉換這一重大挑戰，導致在當下世界經濟中，逆全球化浪潮興起、貿易保護主義盛行。全球經濟面臨大衰退，中國也不能置身事外。踏入經濟新常態的中國，面對持續發展的困境，正以「一帶一路」戰略推進貿易投資的自由化，致力促進全球經濟體成為一個命運共同體，開啟與謀劃新一輪的經濟全球化。「一帶一路」不僅是中國經濟發展的全球大戰略，也是當下港澳社會裏不可多得的歷史性大機遇。中國正以新面目在世界嶄露頭角，而這個進程也要借助港澳國際金融中心和全球城市的地位，以及國際資本流動和國際服務業發展的經驗，才能真正實現。

雖然港澳兩地能夠在過去歐美新自由主義主導的經濟全球化浪潮中，脫穎而出，但是該如何面對中國和新興經濟體開啟的新經濟全球化，卻是一個全新的課題。因為上一輪和以前的經濟全球化，均是以英美西方國家為主導的。港澳的自由港經濟所滲透的主要市場和經濟規則，屬於英美霸權周期下的規範和話語範疇。而「一帶一路」代表的是重置世界經濟版圖中，中國和發展中新興經濟體，開始進入全球經濟增長的核心，所開啟

的新經濟全球化。如果港澳無法從根本上揮別過去美國霸權周期下，對固有路徑的依賴和傳統思維，透過大膽創新，去面對和參與「一帶一路」的新全球化戰略，則未來的回歸之路將會面臨重大挑戰。

第三，是資本主義制度的調適與再造走勢。眾所周知，「一國兩制」是港澳回歸的重要制度基礎。香港和澳門作為中國體制以外、實施資本主義的地區，這一重大的制度性設計，分別在香港《基本法》第5條，以及澳門《基本法》中被確立，以確保回歸後港澳的資本主義體制與生活方式50年不變。《基本法》以「一國兩制」作出的制度性安排，不僅使港澳的資本主義制度在回歸後能夠持續，對港澳而言，還具備通過與內地的制度分立，保證港澳優勢之意義。

港澳的資本主義體制是自由放任的資本主義版本。這個版本在上個世紀70年代以後，因緣際會迎合了全球資本主義體系中的新自由主義潮流。這就是為甚麼港澳能夠在上個世紀延續至2008年的經濟全球化中脫穎而出的根本原因。

然而，2008年的全球金融海嘯，徹底終結了美國主導的新自由主義經濟全球化，暴露了新自由主義這個資本主義版本所推崇的自由放任、過度金融化的弊病。全球資本主義體系踏入一個制度調適和再造的大變局階段。而以自由放任為體制特徵的港澳，也必然進入一個深刻的經濟結構、經濟體制的調整和反思的進程。正是新自由主義的放任資本無限積累的體制，形成了今天香港十分畸形的經濟結構。至今為止，壟斷財團以地產獨佔，吸聚了香港經濟增長收益絕大比重的情況，並沒有得到有

效節制，最終走到了今天被港人稱之為「地產霸權」的香港市場狀態。而2014年澳門經濟增長驚人下滑的狀況，更是博彩一業獨大與壟斷的惡果。由此可見，港澳經濟面臨的結構性轉型的挑戰，應是全球資本主義面對新自由主義造成的體制弊病，以及作出重大制度調整的一個縮影。

危機與矛盾衝突是一個經濟體改變其制度的必經階段。人類正是在這個過程之中去正視自己社會制度的不穩定之處，並進行重新設計和塑造。一個社會制度的生命力，就在於制度的彈性，即不斷地進行修正和更新。所以，我們可以體會「一國兩制」這個制度性設計的偉大之處。這不僅使港澳的資本主義制度在回歸後能夠得以持續，同時還具通過與內地的制度分立，促進兩種制度之間的競爭和博弈。實際上，資本主義與社會主義均是人類在不同歷史、政治和經濟條件下作出的選擇。兩種制度的相互競爭、相互吸取一直存在，這應該是人類社會走向更為美好制度的一個歷史進程。由此可見，無論是香港，還是澳門，都不能將自己的制度絕對化與固化，回歸之路也將是港澳不斷反思和推進制度更新的一個進程。50年不變，其含義是基本的社會制度不變，但並非是固守矛盾重重、弊病殘缺的制度。

過去20年的回歸之路，港澳分別以自己的不同演繹，推進自身經濟的發展。但是，回歸之路並未終結。所謂「路漫漫其修遠兮，吾將上下而求索」，相信在未來充滿顛覆性變革的全球經濟大變局中，港澳的回歸之路將更加精彩和壯麗。

第一章

重新審視
香港經濟
獨特性與優勢

香港的經濟獨特性與優勢這一問題，在回歸20年這個時間被重新提出或多或少會令人感到詫異，但卻又合乎情理。近年來，香港周邊地區超速發展，令香港人多年來的經濟優越感一次又一次受到衝擊。眼看着過去由香港佔據引領地位的內地，在經濟上遠超香港的可能性愈來愈高，港人內心對保持自身的獨特性與優勢之焦慮油然而生，加上目前香港社會亂象叢生，更平添了港人對香港能否持續繁榮發展的疑慮。今年正值是香港回歸20周年，在這種疑慮不斷累積的情況下，對香港來說，清晰定義其國際上的優勢及動向，自身與外部世界的獨特關係，從而確立重新出發的戰略，是提升香港優勢的關鍵；而對中央政府而言，從國內外政治與經濟大變局的高度，重新審視香港經濟獨特性與優勢的內容、動態變化和走向，作出理性判斷和客觀的分析，以達致心中有數、政策有據，則是順利貫徹「一國兩制」，保持香港持續穩定繁榮的根本應對之策。

馬克思（Karl Marx）在《資本論》（*Capital*）中，把經濟進程當作是自然史的過程來觀察，即是把經濟現象與因果關係，當作是時間和內在規律的變數。如果時間退回到5-10年前，甚至是更早的時期，香港的獨特性與優勢可以説是絕對無人質疑的議題。1990年代中期，即香港回歸中國前期，美國主導的經濟全球化正處於全盛時期，中國市場化的改革開放不但推動經濟，還讓中國深深捲入這股全球化浪潮之中，成為全球生產網絡的主要部分。「中國製造，美國消費」的全球化現象是中國經濟崛起的主因之一，讓中國成功建構市場經濟體系，躋身世界十大經濟體之列。地處中國的香港擔當與世界市場聯繫的仲介角色，其獨特性對中國建構市場經濟體系、成為世界十大經濟體之一，亦發揮極為重要的作用。同時，香港也從中獲取了巨大的經濟利益，在全球經濟體系中佔有一席之地。因此，香港這個位於中國邊陲地區、長期寂寂無聞的殖民海島開始受到世人關注。香港優勢不僅得到全球認可，其成功經驗更為很多學者津津樂道，而且得到當時資本主義全球化的主導意識——新自由主義奉行者的青睞。

1995年，哈佛大學學者恩萊特（Michael J. Enright）等開始編寫《香港優勢》（*Hong Kong Advantage*），並於1997年香港回歸之時出版。這是一本最為集中闡述香港的獨特性與優勢的著作。作者在引論中就開宗明義地指出：香港雖然受到各界廣泛的談論，然而卻未曾獲得普遍的了解。此書的目的在於認識清楚「是甚麼使香港如此獨特」，並讓我們知道「維持並發展香港的特性、『香港的優勢』，將可使香港的未來和它的過去一樣，令人讚歎」。[1]此書的出版為香港的獨特性與優勢定下基調，是其後討論與研究香港優勢的範本。

歸納《香港優勢》的觀點：首先，書中指出香港具有「一個獨特的經濟體系」，「不但令香港成為一個橋樑或者一條通道，也使它成為世界經濟活動的統籌兼協調者」。[2]而且，香港經濟體系的特點是「開放、具有國際視野，以及靈活性」。[3]與此同時，香港經濟體系還有一些「獨特組合」，成為香港經濟獨特性的主要表現。這就是政府和商界之間、本地和海外企業之

---

1. 恩萊特、司各特、杜大偉，曾憲冠（譯）（1999）。《香港優勢》。北京：商務印書館。3頁。

2. 同上註，2頁。

3. 同上註，25頁。

香港擁有獨特的優勢，是中國連接世界市場的橋樑。

間、企業家企業和管理人企業之間、長遠投資和短線活動之間的平衡關係。[4]由此，書中總結出「香港的經濟體系和種種獨特組合是香港優勢的來源」。[5]其次，按照本書的論證，香港優勢主要在於商業貿易、航運、專業服務和金融業的高度國際化，與世界各地均有緊密的聯繫。相反，製造業是閉合型的經濟體系，並非香港的發展優勢，故香港作為服務型經濟體應保持對外開放，以提升其在全球的地位。

1990年代是經濟全球化加速發展、新自由主義盛極一時的最好年代，香港優勢此時亦達至頂峰。然而，香港卻經歷了1997年亞洲金融風暴，以及隨後的2007–2008年全球金融海嘯，均對其經濟造成極大衝擊，更暴露了香港經濟嚴重依賴對外貿易的脆弱性。尤其在全球金融海嘯之後，美國主導的負債消費全

---

4. 恩萊特、司各特、杜大偉，曾憲冠（譯）（1999）。《香港優勢》。北京：商務印書館。29頁。

5. 同上註，115頁。

球化難以為繼，全球經濟踏入重大的歷史性轉型期。新自由主義推崇自由放任的經濟，導致過度金融化的現象出現，就是這種「不受限制」資本主義的弊端，使其經濟、社會與政治矛盾全面激化。因此，世界資本主義體系進入一個需要重新反思的時期；而中國則開始經濟社會的全面升級轉型，從全球製造踏進經濟崛起的另一個全新階段。金融海嘯時期，世界經濟格局經過重大調整和變化，使香港在內地城市持續發展壯大。尤其在珠三角地區城市經濟功能對香港功能的逐步替代進程中，香港擁有的絕對優勢正在減弱，逐步轉變為相對優勢。《香港優勢》出版20年後，書中極為讚賞推崇的國際貿易中心、航運中心地位在近年均持續下降。形勢與事實變化之快，並沒有如《香港優勢》所預期般美好。面對這種情況，很不幸的是香港近年來也被拖進無休止的政治爭議之中，整體社會未能在當下的世界經濟大變局裏，就如何應對香港優勢的變化取得共識，亦無法就此問題展開對話與探討。所以，在香港回歸20年之際，香港經濟的獨特性與優勢這　問題不斷在社會發酵，卻無法取得方向性的結論。

本書指出所有國家或地區的優勢都是當時的歷史形勢和全球變局下，地緣政治與經濟變化的產物。正如沒有永久不變的社會制度和經濟體系一樣，世界上也沒有長久存在、亙古不變的地區經濟獨特性和優勢。香港的優勢和過往的經濟奇跡都出現在世界經濟變化「可一而不可再」的重大機遇時期。香港從享有地區的絕對優勢，逐步漸進為擁有相對優勢，隨着客觀局勢不斷演化，優勢將轉變成劣勢，預示着我們必須創造新優勢。因此，經濟優勢與劣勢是可以互換的，而一個經濟體本身就是優劣勢的組合。立足於此，我們才能認識「香港從過去承襲，作為《基本法》藍圖將延續至2047年的那一套，究竟有甚麼優點與缺點」。[6]

此外，任何地區的經濟優勢總是與周邊地區比較而存在的。香港作為中國領土的一部分，自1842年因帝國主義強制的不平等條約，而成為英國殖民體系在遠東地區的條約港。隨後至1949年的百多年間，香港的經濟並沒有取得快速發展，自然也無人論及其經濟獨特性和優勢。相反，上海於1843年被迫開放為通商口岸，在發展、地位和優勢上均超越香港。這充分顯示出香港在1950年代以後的經濟起飛，作為「亞洲四小龍」的新興經

---

6. 顧汝德（2011）。《官商同謀──香港公義私利的矛盾》。香港：天窗出版社。67頁。

1842年開始，清政府先後與英國簽訂多個不平等條約，香港自此成為英國殖民體系在遠東地區的條約港。

濟體的發展奇跡；1980年後對中國市場化改革開放中形成的優勢，都是當時的歷史條件下，內地與香港的地緣政治和經濟變化的產物，而非香港長期練就的獨門妙訣。正如《香港優勢》一書所指出的，「倘若沒有中日戰爭、中國內戰、四九年後中國大陸關閉三十年、冷戰、大躍進的災難和文革等變故，香港今天可能仍是中國東南沿海的次等轉口港。」[7] 事實已經證明，正是中國過去長期閉關自守的狀態，才能夠突顯香港對內地的經濟獨特意義和優勢。隨着中國日益開放、更深地融入現代世界經濟體系之中，香港對內地的獨特性則愈來愈小，經濟優勢也隨之下降。人們把香港的獨特性和優勢看作是持久不變、不會消減的絕對化看法，是既不客觀又不符合香港發展的事實。

香港優勢的初顯和最終建立，起步於1950年後的60年間，是當代世界經濟體系變化，尤其是資本積累向全球流動的產物。1960年代西方資本主義在東亞地區的工業化轉移，1970年代以

---

7. 恩萊特、司各特、杜大偉，曾憲冠（譯）（1999）。《香港優勢》。北京：商務印書館。4頁。

後新自由化資本主義推行的經濟全球化，以及中國面向市場化的改革浪潮，均是香港優勢逐步形成且大幅延伸的客觀條件。踏入2000年後，香港優勢隨着中國崛起，以及珠三角地區經濟持續升級而開始減弱。2007-2008年的全球金融海嘯代表着新自由主義全球化的終結，也預示着中國將從全球經濟增長的邊緣漸漸走向核心。這不僅衝擊了世界現代經濟體系，也標誌着香港在新自由化資本主義的階段，達致頂峰的優勢開始逆轉。在固有優勢的基礎上開發新的潛在優勢，創新與重振香港優勢刻不容緩。但是，過去形成優勢的香港經濟獨特性，本身就潛伏着導向香港劣勢的因素。在目前的形勢下，這種獨特性引發的劣勢正逐步浮現。實際上，經濟發展的獨特性既可造就優勢，也可轉化為劣勢。其決定性的因素在於當時的經濟形勢、地緣政治和經濟變化會促使這些特點偏向轉化為優勢，還是劣勢。

因此，在香港回歸20年之際，我們認為有必要重新審視與反思香港經濟發展的獨特性，以及香港優勢在不同時期，尤其是回歸後的展開、演化和原因，以得出客觀的結論，並正視目前香港優勢仍然存在，但卻慢慢減弱這個趨勢。面對當下全球新技術革命、世界經濟體系大變局，目前香港經濟的發展，不僅要從「世界所趨，國家所需，香港所長」的結合點，提出香港未來發展需要着重鞏固既有優勢和培養新優勢；也要從「世界所趨、內地所長、香港所短與所需」出發，利用「一國兩制」的優勢，通過深化與內地的合作，根除劣勢及對舊有路徑的依賴，發展出全新的經濟功能和優勢，以提升其在全球經濟中的地位。

第二章

香港經濟功能與
經濟優勢的
演化進程

要認識香港經濟發展的獨特性和優勢的變動，首先就必須以香港的經濟地位作為觀測點。香港本身是一個城市，對城市的觀察不能採用一個國家的視角，而必須立足於城市，城市是離不開腹地的，城市的作用通過經濟功能的聚集與輻射而得以體現。因此，我們對香港經濟發展獨特性和優勢的觀察，主要聚焦於其經濟功能的變化進程。從香港經濟功能變化的歷史和現實出發，觀察香港經濟優勢的演化，就是我們的視角。

聚焦於城市經濟功能演化的分析，與以體制變更為基礎的分析，在階段劃分上是不相一致的。也就是說，如果以體制的變換來劃分階段，香港於1997年經歷政治大變更──英國殖民統治的終結，就應該以此作為階段劃分時點。但是，在經濟功能的變化上，1980年代後才是正確的劃分時點，因為那是香

港由「前店後廠」的全球製造業營運，轉型至國際貿易中心的階段。由於「一國兩制」的實施，香港資本主義體制的所有因素，包括香港經濟發展的獨特性在回歸之後都得以保留和延續。所以，香港經濟功能的變化進程並沒有因主權歸屬的重大變化產生改變，而是仍然按照原有的路徑和環境持續。因此，我們會視1980–2000年為香港經濟功能轉型變化的同一階段，而並未將1997年香港回歸視為一個不同經濟發展階段的起點來分析。正是在這個視角上，香港回歸的時點雖然是在1997年，但是從經濟功能的進展上，回歸的起點當在1979–1980年代初，即中國實施改革開放的大戰略之際。

如前所述，香港優勢的出現與最終建立，僅是第二次世界大戰後至今六十多年間所發生的。第二次世界大戰前一百多年，香港經濟發展和功能一直沒有發生變化，也未曾建立經濟上的優勢，而是作為「中國東南沿海的次等轉口港」存在，其經濟規模一直排在上海、廣州、天津等城市之後。

戰後的六十多年間，香港的經濟功能隨着世界經濟體系的推進，以及地緣政治和經濟的變化，產生過多次急速轉型和變化。香港更與新加坡、韓國和台灣並稱為「亞洲四小龍」，創造了新興經濟體的發展奇跡。1980年內地改革開放的大潮中，香港以其地利之便率先進入內地，建構「前店後廠」的跨境產業分工，成為亞太區連接中國與世界市場的橋樑。香港更在1997年迎來英國殖民統治的終結，經歷回歸祖國的歷史性轉變之後，逐步轉型為中國的「全球城市」（global city）和國際金融中心。正是在無數次的經濟功能轉型中，香港經濟的獨特性與優勢不斷崛起和變化。有見及此，我們將集中探討戰後六十多年來香港經濟功能的變化歷程，簡單歸納香港經濟的特點與優勢，並重點分析回歸後香港近年來的經濟轉型，以及對香港優勢帶來的挑戰。

中國與世界經濟聯繫節點——轉口貿易與轉口港

香港自1841年成為英國的條約港,是中國歷史上最積貧積弱的時代產物。從香港開埠起至1959年的一百多年間,香港的經濟功能主要集中於轉口貿易,即是說英國打開中國市場和貿易的中轉港。英國為了建構在遠東地區的對華貿易網絡,確立了香港的自由港地位,並實施自由放任的經濟政策,希望鼓勵商品、資本、企業的自由流動,形成便利的經商環境以確保英國公司能以低廉的經商成本進入中國,以及方便英資集團主導的貿易、金融、商業服務落地生根,以獲取英國的殖民利益。因此,香港這個中國體制以外的自由港便成為中國最早與西方國家市場經濟接軌的地方。實際上,相比當時封閉及落後的半封建中國經濟體制,香港的自由開放經濟體制本身就已經是一種體制上的優勢。

在殖民帝國統治的初期，香港的主要中轉貿易內容分為兩部分。第一，是鴉片對中國的再出口。1845-1849年間，運往內地的鴉片中有3/4是經香港轉口。第二，是將中國勞工轉送到當時淘金熱的美國和澳洲。[1]20世紀初鴉片貿易基本上終止之後，香港作為英國在遠東地區的貿易網絡節點，仍然扮演着轉口貿易的角色。由於在中國東南沿海的地理位置，以及英國的統治和經營，香港很快便成為遠東的航運中心，並通過外國輪船公司，成為遠洋船進入中國沿海各口岸前的寄泊港。1880年，中國有1/5的出口貨物及1/3的進口貨物都是經香港轉口。1881年，香港分別佔廣州、廈門、福州的總出口量97%、90%及78%。香港的外貿轉口主宰着廣東、廣西（包括海南島）、福

1. 吉普魯（Gipouloux, F.），龔華燕、龍雪飛（譯）（2014）。《亞洲的地中海：13-21世紀中國、日本、東南亞商埠與貿易圈》。廣州：新世紀出版社。175頁。

建和當時仍在日治時期的台灣的經濟命脈。1890年，香港約佔中國外貿總額45%，是遠東最大的轉口港。1889年，香港殖民地政府宣佈香港成為英國的第三大港，僅次於倫敦與利物浦。1906年，在香港登記和結關的船舶噸位史躍居全球各商港之首。[2] 由此可見，香港起步後，依靠自由港的地位，逐步建立了港口的優勢。但是香港的單一轉口貿易經濟功能，與輔助的中轉航運結合的經濟模式，持續了一百多年均沒有很大的變化，基本沒有發展出其他現代經濟的部門和產業。第二次世界大戰期間，香港被日本佔領，喪失了自由港的地位，轉口貿易隨即陷入停頓。

1945年第二次世界大戰結束，拉開了冷戰的序幕。中國並未利用其戰勝國地位收回對香港的主權，而是重新恢復英國對香港的殖民統治。香港重振經濟之際，英國殖民政府力圖恢復香港對內地的轉口貿易地位，以重建和鞏固英國在遠東和中國的經濟利益。實事求是地看，香港雖然是英國在1841年佔據的條約港，但是1843年中國被迫開放沿海五個通商口岸之後，上海的貿易網絡發展和規模遠勝香港，導致不少英資公司的總部從香港和廣州遷移至上海，或直接在上海設立總公司。上海逐步從

---

2. 毛立坤，〈晚清時期香港對中國的轉口貿易（1869-1911）〉（復旦大學歷史地理研究所博士論文，2006年）。

1843年，中國被迫開放沿海五個通商口岸，而上海便是其中之一，導致不少
英資公司的總部從香港和廣州遷移至上海，或直接在上海設立總公司。

貿易城市、航運中心演變成全國工業中心。借助外國金融對華的滲透，包括對政府的龐大貸款，上海也逐步發展成全國的金融中心。即使是廣州，在經濟規模、現代經濟和工業的發展方面，也遠勝香港。由此可見，英國在1841–1949年的中國貿易和利益版圖中，香港只是一個位於中國東南沿海地區的次等貿易據點。1949年中華人民共和國成立，英資公司不得已撤出中國，才被迫在香港集中發展。從此，香港成為英資及外資公司與中國的唯一貿易據點，其地位亦因此得以提升。

1945年重振香港經濟的速度加快，1947年對外貿易總額達27億元，已恢復和超過戰前最高水平的1937年的一倍多。1951年對外貿易總額則達到93億元的高峰，四年共增長了2.4倍，平均每年遞增35%，其中1950年則高達48%的水平，是至今為止香港貿易的最高年增長率。此時，轉口貿易佔對外貿易的89%。[3]是故，1951年香港的貿易數字，表明了香港已恢復自由港的地位，重新興起與中國的轉口貿易。然而1951年後，聯合國對中國實施禁運，直接打擊了香港的轉口貿易，使它下降約3/4，導致對外貿易逐年下滑。這種下滑的走勢一直持續到1961年，對

---

3. 曹淳亮（1994）。《香港大辭典 • 經濟卷》（對外貿易篇）。廣州：廣州出版社。

外貿易數額才回復至1951年的水平，並轉頭向上。[4][5]但是，此時香港的對外貿易已不復是轉口貿易的經濟功能，經濟上對中國的依賴大大減弱。由此香港一百多年來轉口貿易的地位，在1959年隨着香港本地產品出口數額超越轉口貿易數額而結束。

一百多年來，直至戰後香港重建經濟，其經濟發展呈現三個主要特點：

1. 英國殖民統治下，香港建立了自由港體制，並實施自由放任的經濟政策。這種經濟體制雖然比當時中國內地半封建制度更為開放和先進，但在一百多年經濟發展中，香港對於內地的經濟優勢僅局限於港口。促使這個地位發生歷史性轉變的是戰後英國等勢力退出中國，尤其是上海等沿海城市，以及英資與其他外資公司聚集香港，特別是英美的貿易與金融機構，把香港當作唯一對華貿易站開始的。因此，只要內地的體制開放，自由放任和

---

4. 曹淳亮（1994）。《香港大辭典 • 經濟卷》（對外貿易篇）。廣州：廣州出版社。
5. 莫凱（1993）。《香港經濟的發展和結構變化》。香港：三聯書店。

自由港就無法成為香港優勢的基礎。即使在戰前內地沒有完全開放的經濟體制，香港也未能籍此成為內地有影響力的城市。只有中國處於十分封閉而僅有香港是自由開放的條件下，自由港和自由市場才能成為香港經濟的獨特性。

2. 戰後，基於當時英國的財政困境和殖民利益，英國殖民地政府決定延續19世紀以來自由放任的政策，希望以此重振香港經濟，恢復其自由港的地位，並維繫對華轉口貿易的經濟功能。因為這種經濟功能可以使英資公司保持和延伸在貿易、金融、商業服務、以及航運領域的優勢。但是，1951年以美國為首的西方國家實施對華禁運政策，使香港不能維繫對華轉口貿易，直接危及英國在香港的殖民統治和英資企業的利益。由此可見，香港的轉口貿易及地位，包括英資財團的經濟利益，直接依賴與中國內地市場的聯繫。這就解釋了為何英國與英資財團對當時美國主導的禁運措施抱有極大怨言。

3. 雖然禁運使香港失去轉口與出口的內地市場，但是，一方面內地對實行「長期利用」政策，需要繼續利用香港的轉口港地位將內地商品轉運至海外來獲取外匯收入。另一方面，冷戰期的香港為英鎊區成員之一，擁有獨立

的商業和金融系統，有利於避開美國對華禁運的管制，所以仍然保留了香港從中國內地進口貨物的空間，也為中資金融和商業機構進入香港提供政治保障。從此，香港成為中國外匯的主要來源，以及連接世界經濟的唯一節點。如果說，1949年前的香港經濟功能——轉口貿易依賴內地，而禁運與冷戰這個地緣政治和經濟的重大事件，使香港對於中國的經濟價值和獨特性由此開始逐步顯現。1951–1961年與1961–1970年間，香港進口商品的來源地中，第一大順位的就是中國內地，佔比分別為17.7%與17.2%。[6]直至1971年，日本才超越中國排行第一。可是，中國實行改革開放後，於1991年又重新趕越日本，成為最大的香港進口商品來源地。冷戰期間，來自香港的外匯佔據中國外匯收入的絕對比重，反映內地對香港市場的依賴。也就是說，禁運與冷戰改變了香港對內地貿易的依賴，實質上是初步確立了香港在內地的獨特地位。

---

6. 莫凱（1993）。《香港經濟的發展和結構變化》。香港：三聯書店。84頁。

聯繫的阻隔——
加工製造基地與出口貿易

1950年代爆發的韓國戰爭，以及隨後聯合國實施的對華禁運政策，均中斷了香港與中國內地的經濟聯繫，使香港貿易失去所依賴的內地市場，轉口貿易一落千丈。香港經濟賴以生存的對外貿易從1951年的93億元，直線下降至1954年的58億元，降幅達到38%，對香港經濟造成直接威脅和巨大挑戰。[7]

就在此時，香港面臨地緣政治變化，導致大量內地難民湧入，其中不乏上海等地工業資本家的資本、技術和專業知識。這個事件對香港產生了兩個相反的結果：一是香港人口從戰後的180萬驟然上升至1950年代初期的250萬，到1961年更高達310萬[8]，對已是困境重重的香港經濟社會無疑是雪上加霜；二是國內難民進入，尤其是工業資本家的進入，不僅帶來工業發展的資本、經驗和知識，也同時帶來成本十分低廉的勞動大軍。因此，香港開始真正走向現代化，經濟功能亦開始轉型為製造業。香港經濟功能的轉型，不僅開始改變香港原有的資本生態結構，還為後來華資公司超越老牌英資公司埋下伏筆。更令人

---

7. 曹淳亮（1994）。《香港大辭典 • 經濟卷》（對外貿易篇）。廣州：廣州出版社。

8. 資料源自Fan Shuh Ching, *The Population of Hong Kong*, C.I.C.R.E.D Series, Department of Statistics, University of Hong Kong, 1974。

意外的是，1980年代內地實施改革開放，華資公司以其地利與民族之聯繫，與內地建立產業空間分工的關係，從此開始確立香港對內地的經濟優勢。

自香港開埠以來，內地的政治動盪和災難連連，一直沒有停頓。香港作為英國的殖民地，與內地的制度維持孤立狀態。這種政治上的孤立狀態，使香港在歷史上成為內地的政治動亂避難所。從清朝時期的孫中山、軍閥混戰中的革命黨人、二戰時期的愛國人士到內戰中的難民和資本家，以至1950-1960年代的國內各類政治運動和此後文革中的逃港者，香港一直是他們的避難所，故香港居民大多是由避難者構成的。香港的經濟成就與發展是由這些避難者作為主體，在各種不同的經濟形勢下取得的。如果看不到這一點，就無法理解香港經濟發展的獨特性。

1954-1961年是香港製造業的起步期。當時，香港的轉口貿易衰落，引致總出口額大幅下滑。1955年，香港經濟由製造業的出口帶動，並開始扭轉了此劣勢。1959年起，本地製造的港產品出口額開始超越轉口貿易，1961年香港貿易總額亦重新回到1951年的高位，而這時期的港產品出口額更是轉口額的

三倍。[9] 香港已經奠定從轉口貿易經濟，轉型為以出口導向的製造加工業經濟的基礎。1960–1970年代是製造業的起飛期。製造業高速發展，無論是產值、出口額，還是僱員方面，它於1970已成為香港第一大產業。工業增加值佔香港本地生產總值（GDP）的比重高達31%，超過貿易、金融而佔據第一位；港產品出口額是轉口額的4.27倍；僱員佔全港就業人數40%以上。[10] 由此可以判斷，香港基本上在1970年（製造業佔GDP的比重達至頂峰）實現工業化和經濟功能的轉型。1970年後，香港走向製造業的多元化階段，逐步由紡織、製衣為主的產業，向電子、鐘錶等產業多元發展，使產業結構和出口結構逐漸優化，以提升其在國際市場的競爭力。[11] 至1980年，香港已有十大消費品佔據全球出口第一的位置，顯示「香港製造」（made in Hong Kong）的強大國際競爭力。因此，香港成為與新加坡、韓國、台灣並列的「亞洲四小龍」，而其經濟成果更是四個新興經濟體之首。工業化的經濟奇跡不僅令香港成為亞洲地區在戰後最早富裕的地區之一，還讓她從過去的資本主義邊陲，開始進入經濟發展的高收入地區。

9. 曹淳亮（1994）。《香港大辭典 • 經濟卷》（製造業篇）。廣州：廣州出版社。
10. 同上註。
11. 同上註。

總結香港工業化和製造業經濟功能的轉換，可以歸納以下幾點：

1. 香港工業化和經濟優勢的建立是中國人創造的。香港在1950年代的工業化依靠把上海的紡織業全盤移植香港，屬於一種移植的工業化。這不僅為香港的經濟功能轉型、現代產業奠定基礎，更是香港逐步超越廣東省，拉開與內地的經濟距離，確立香港優勢的奠基石。自開埠以來至1960年代，香港的經濟規模就一直落後廣州，到1960年代中期以後才開始超越廣州。1975年，香港經濟已趕超廣東省，至1980年香港的本地生產總值幾乎是廣東省的兩倍。由此可見，此時香港的優勢是工業化與現代化，或者具體來説，是外向型製造業奠定的、對內地經濟規模的優勢。

2. 香港的經濟功能轉換和製造業起飛，與香港享有英聯邦特惠制，以及當時國際資本對東亞地區的轉移之大環境有關。1970年代國際資本在地區範圍的擴張，為資本主義的半邊緣地區獲得生產許可和分包生產奠定基礎。

這種資本地理空間的流動，伴隨着日本經濟的復甦和興起，為當時的「亞洲四小龍」提供製造業所需的原材料，有利西方國家的市場日益增長，由此構成東亞地區特殊的出口加工型經濟。香港工業化的起步就是出口導向型的。與韓國和台灣的工業化從進口替代轉向出口導向不同，香港當時並沒有完整的工業體系，十分依賴跨國資本的生產許可與分包制。

1970年代，美國和日本資本進入香港投資製造業，主要利用的就是這種分包制。生產許可與分包制的主要產物就是代工生產（OEM）模式。與西方大型跨國企業內部垂直分工的資本形態不同，分包制利用外部的合約形式僱用大量非核心區的勞工，可以達到節省資本的目的，同時也形成東亞地區的當地化生產網絡。這種由跨國公司主導、東亞地區多層依附型的生產許可與分包網絡，「在香港製造業部門結構中很明顯：香港57%的出口產自不到50名僱工的當地公司，並通過1.4萬個小的進出口商完成銷售，這一當地化的生產網絡，因香港具有的移民特徵而得到強化，香港的移民大體都是家庭移

民。」[12]，1980-2008年，由美國主導的新一輪經濟全球化中，亞太地區的分包制通過「亞洲四小龍」向周邊地區，尤其是中國的生產擴散，成為跨國公司在全球切割價值鏈形成全球生產網絡與供應鏈的主要推動力，也是此輪全球化的主要特徵。

3. 香港工業化的勞工主要都是移民，反映出長期以來香港與內地政治隔離的「避難所」地位。避難者的心態往往導致人們遠離政治，追求穩定的社會環境和安定的生活。對於一般市民來說，這種心態使他們能夠忍受十分艱苦的生活和工作環境，而且可能接受較低的收入；對於資本持份者來說，他們希望盡快在短期內回收投資以規避風險，因此難以形成長期的投資預期。港英政府正是利用這一點，奉行自由放任的政策，令香港在經濟上擁有最大自由，在政治上則嚴控民眾參與，以維持經濟穩定和資本盡可能在低成本的情況下快速盈利。結合以上種種因素，便成就了1950年代中期開始，至1970年

---

12. 霍普金斯、沃勒斯坦，吳英（譯）（2002）。《轉型時代——世界體系的發展軌跡：1945-2025》。北京：高等教育出版社。113頁。

代的香港工業化和現代化進程。可是，很多人都忽視了一點，就是香港工業化有大部分時間均在山寨工廠、寮屋和棚戶區（香港的寮屋最終在1980年代中完成清理拆除）的惡劣環境中完成的。這與當時韓國和新加坡依靠政府支持、台灣仰賴美援的工業化，形成重大區別。也就是說，足以讓香港傲視世人的工業化和現代化，是在港英政府奉行自由放任政策和親商環境下進行的，社會各階層不但沒有平均分攤所需成本，反而讓勞工階層付出巨大的代價，以維持香港工業的低成本優勢。港英政府與資本集團對港人的歷史性欠債，由製造業起飛開始一直維繫至1997年香港回歸之後，為特區政府的治理埋下極其不利的伏筆。

4. 港英政府在工業化時期的經濟政策，從初期的自由放任，漸漸轉為「積極不干預」。禁運使香港在戰後難以恢復自由港的地位和轉口貿易功能。為了支撐殖民統治的運行，港英政府開始正視以華資公司為主的工業資本和工業化在香港經濟扮演的角色。工業化的初期，港英政府堅持自由放任的經濟政策，務求減少所需負擔的社會和經濟成本，因而造就「山寨廠」的興起。這不僅是

香港工業化有大部分時間均在山寨工廠、寮屋和棚戶區的惡劣環境中完成。

香港工業的特徵，還是自由放任經濟下特定的產業空間模式。隨着1950年代香港棚戶區發生大火而引發社會公憤，港英政府不得已作出改變，對工業化進程展開所謂「非市場性」的干預措施，包括以土地為主的公共房屋政策、新市鎮規劃和工業區的開發。這種「積極不干預」政策的立意具有十分明顯的目的，就是維持香港廉價工業成本，營造資本投資的有利環境，以提升香港產業在國際上的競爭優勢。雖然港英政府的「積極不干預」政策造就了香港獨特的產業環境，但卻將香港製造業「鎖定」在低成本、低技術和勞力密集的路徑，使香港工業升級陷入困境，只能持續以低成本來解套。這也為內地開放後，港商大舉進入內地，不可避免將香港製造連根拔起，使香港最終回歸貿易和金融等經濟功能。可以說，「積極不干預」政策造成香港工業缺乏創新、研發和產業升級的環境，是香港工業與亞洲其他三小龍採取截然不同的發展路徑之原因。

5. 以華資為主導的香港製造業興起。香港經濟功能從轉口貿易走向製造業的轉換，令華資公司持續崛起，而且不斷在香港的資本結構中開始代替老牌英資公司的地位。尤其是轉口貿易陷入困境的時期，英資主導的貿易和金融行業，必須與華資工業資本合作才能維繫在香港的利益。而港英政府對華資公司中精英採用的收編措施，更

是當時華資公司持續擴張的結果。工業化使華資公司逐步發展壯大，奠定了1980年代內地改革開放後，華資公司在內地進一步積累與擴張的基礎。正是在這個基礎上，香港這個英國殖民地才會出現資本結構逆轉，華資最終代替英資，在香港市場上佔據主導地位。

再度聯繫——
離岸製造業營運中心與轉口港地位回歸

1970年代以前，香港歸屬英國的貿易優惠稅制，以及英美之間的經濟合作，故港產品在當時英美控制的大部分全球市場都十分暢銷。由於那段時期亞洲各國均在戰後重建或民族獨立的政治鬥爭之中，國際市場上缺乏與香港出口導向製造業的競爭對手。

1970年代以後，香港製造面對的國際市場競爭開始加劇，「積極不干預」政策維繫着香港低廉的製造成本，使香港製造仍然能夠在這時期推動香港經濟高速擴張。可是，香港卻不能持續以壓低勞工成本，而非提升勞動生產率的方式來解套，最終令香港經濟在1970年代後期遇到增長的瓶頸。相比韓國、新加坡和台灣，香港經濟增長的速度在1980年前的20年足以傲視這三個經濟體，但在1980年後，其經濟增長明顯放緩，成為四小龍中增長最慢的經濟體（見表2.1）。

表2.1　「亞洲四小龍」的本地生產總值實質增長率（%）

地區／年代	1960–1970	1970–1980	1980–1985
香港	10.1	9.8	4.2
韓國	9.5	8.2	7.5
新加坡	9.2	9.3	6.0
台灣	9.6	9.7	6.1

資料來源：莫凱（1993）。《香港經濟的發展和結構變化》。香港：三聯書店有限公司。57頁。

當時，香港製造的發展陷入困境，但隨着1979年中國改革開放的市場化浪潮，才得以通過製造業遷移內地，以維持其低成本的競爭力。這種地理空間的解套方式，在更大規模的空間上，把跨國公司的價值鏈切割，以「前店後廠」的模式加以延伸。香港亦因此得以從全球價值鏈的製造環節，轉向更高增值的服務環節，開始戰後的第二次經濟轉型。這次經濟轉型通過製造業大規模轉移至珠三角地區，成功實現香港與珠三角地區製造業「前店後廠」的垂直空間分工模式。再者，中央政府在廣東實行先行先試的開放措施，並率先在珠三角地區設立經濟特區和經濟開發區的政策，更是香港經濟轉型的重要推動力。

1970年代末，內地實行改革開放政策，尤其是在毗鄰港澳的珠三角地區採取先行先試的政策，根本性地改變了港澳與珠三角地區隔絕的制度性障礙，揭開從香港製造轉向「由香港製造」（made by Hong Kong）的序幕。香港廠商的投資和產業的遷移，帶動了原本局限於本土的香港企業與產業內部的關係（恩萊特稱之為閉合型經濟，見《香港優勢》），隨着資本與資源的流動突破了珠三角地區與香港之間的行政邊界障礙，在珠三角整體地區進行跨境的空間重組與配置。這就是被人們稱之為粵港的「前店後廠」合作模式，也是大珠江三角洲地區的第一次產業整合。

「前店後廠」模式，實際上是出口導向型加工貿易產業的不同價值鏈在大珠江三角洲地區的空間分工與整合，反映產業內部的垂直分工關係。從微觀層面看，這是香港廠商在香港的營運總部與珠三角地區的生產基地之間的關係，建立企業或產業內部關係在空間的流動。香港廠商把原來香港本土的「廠店合一」經營方式，轉變為店在香港、廠在珠三角的「前店後廠」或「廠店分離」模式，形成香港與珠三角地區之間的跨境生產與服務體系。這個跨境生產服務體系在1990年代美國負債經濟帶動的全球化浪潮中，由香港廠商主導，在珠三角地區更廣闊

的區域空間聚集數十倍香港本土的資本與勞力，以更大的規模複製了香港製造，並把這個體系納入全球生產網絡之中，成為全球生產的重要組成部分。

1980年代以後，珠三角地區迎來台商製造業投資的浪潮。鑒於當時兩岸還沒有三通的情況，香港的跨境生產性服務中心功能更擴展到台商在珠三角地區的生產基地，台商亦隨之迅速進入長江三角洲地區和全國各地，同時也持續擴充香港生產性服務的功能。香港在兩岸三地間的經濟連接和服務中心功能持續擴大，成長為亞太地區的世界城市。

從香港經濟整體的結構性急劇變化來看，製造業從1970年在整體經濟中佔比31%的最高峰，降至1980年的24%和1990年的18%，而2000年則下降至5%，2010年後更跌至1.8%。由此可見，1990年代是港商製造業加速轉移，而且最終走向將製造業從香港連根拔起的年代。正正是在製造業大幅下降的20年間，香港服務業從1980年在香港整體經濟中佔比68%，上升至1990年的75%和2000年的87%，而在2014年更達到93%的水平。[13]

---

13. 資料源自香港特別行政區政府統計處。

其中，貿易與物流是增長最快的部門，並最終在2000年後成為香港最大的經濟部門。

以加工貿易進行香港與珠三角地區的「店」與「廠」之間的空間分工，必然能增強香港的貿易與物流功能，加上當時中國是外資企業進入實施以出口導向製造業的熱點地區，更加重了香港這個外資進入中國、製造商品進入世界的中間商作用。因此，香港作為「店」的主要功能，就是商品的貿易與運輸功能。1970年代開始，美國取消禁運，香港對中國的轉口貿易功能開始復甦；而1980年代之後，製造業轉移，引發香港轉口貿易功能的恢復，超越傳統轉口貿易的性質。更大的因素是源自加工貿易的轉口，香港轉口貿易的地位複歸產生於跨境生產體系之中。

香港轉口貿易佔總對外貿易的比重急速上升，而本地的港產品出口比重則急速下降，可見香港作為跨境生產性服務中心的功能。1980年香港轉口貿易佔總對外貿易的30%，1988年轉口貿易佔比為56%，超越了港產品出口比重，而1993年佔比則持續上升至79%，2000年更高達89%。[14] 因此，香港成為中國連接

---

14. 資料源自香港特別行政區政府統計處。

世界市場的最大轉口貿易中心。香港轉口貿易中心重新崛起且規模更大，帶動了香港航運物流的發展。1990年代，香港成為全球第一大貨櫃港口，持續十多年也沒有動搖，其地位無庸置疑。國際貿易中心與國際航運中心的崛起，均是香港轉型為亞太地區的世界城市之關鍵。

因此，香港第二次經濟轉型的方向，體現在生產性服務業的擴張，取代製造業成為香港的主要經濟基礎。而生產性服務業的擴張，主要集中於跨境生產體系的服務需要。作為一個離岸的生產服務中心，香港承擔着跨境生產基地的生產指揮、市場行銷、資金籌集和貨物調配的作用，最終體現在商品的貿易與運輸上。1980年香港轉口貿易總額佔GDP比重為21%，1990年已迅速增長至71%，2000年更達到110%。2000年，香港貿易與物流的增加值佔GDP比重為24%[15]，而就業人數佔總就業人數比重則為24%，成為香港最大的經濟部門，標誌着香港已經完成從製造業中心走向生產性服務中心的最終轉型。

15. 資料源自香港特別行政區政府統計處。

1979—2000年香港經濟轉型的進程，具有以下幾個特點：

1.　從歷史的角度來看，1979—1980年可以視為世界經濟史的一個重大轉捩點。在全球範圍內，發生了導致1980年以後新一輪經濟全球化浪潮興起的重大轉變。一個佔全世界人口1/5、實行經濟管制的國家——中國率先朝市場化的轉變道路邁出了重要步伐。同一時期，大西洋對岸的英國與太平洋彼岸的美國都啟動了私有化、為資本鬆綁、國家退出社會供給領域等一系列的改革。雖然英國和美國的改革與實踐發生在不同地方——分別是歐洲和美洲，而國家治理的制度也有所區別，但是其共同的特點就是突破了以往的理論與觀點的主流部分，把非主流理論變成以後的主流理論。這就是於1970年代興起的新自由主義。新自由主義實質是19世紀一種自由放任的資本主義，於20世紀後期在不同條件下復甦。也就是說，1979—1980年英美兩國開始的實踐，使新自由主義作為話語模式開始佔據主流地位。其核心內容就是市場和貿易的自由。而中國市場化改革的目的，正是建立市場經濟，與其核心內容相符。中國更在改革起步初期，就以香港這個19世紀以來，一直實施自由市場的自由港作為

借鑒。英美主導的新自由主義和中國開放市場的實踐相結合，造就過去30年的新一輪經濟全球化，改變了全球資本主義的運作方式。

香港第二次經濟轉型的歷史條件，與19世紀香港開埠、英國殖民統治時實施的自由港和自由放任政策，以及力圖在中國沿海地區，尤其是珠三角地區，取代廣州港與澳門港的貿易地位，形成有趣的對比。中央政府當時授予廣東先行先試的地位，通過設置類似自由港的經濟特區，實施自由市場的政策，發展市場經濟，以引進香港本土與海外資本，達到經濟成長之目的。由此可見，中國的市場化改革首先就是以香港為借鑒的。香港這個推行19世紀自由放任資本主義的標本，在1980年以後作為新自由主義和華盛頓共識的範式，通過榜樣的力量把中國捲入新一輪的全球化浪潮之中，從此奠定了中國重返世界市場、經濟重新崛起的基礎。因此，此時香港經濟的獨特性和優勢，不僅為資本主義核心國家所認可。對於內地更是絕對優勢。這種絕對優勢的背後，是中國長期處於世界現代經濟體系和市場經濟之外，在這種特殊條件下形成的優勢。「再造幾個香港」成為中央政府當時的主要經濟發展目標，也是這個絕對優勢的真實寫照。

2. 「前店後廠」的跨境空間分工體系具有極高的經濟效益和
效率，既可充分發揮珠三角地區土地和勞力的生產成本
比較優勢，又能結合香港對外貿易與航運，以及自由港
的交易成本優勢。這種產業跨境的空間合作，不僅成就
珠三角地區通過國際製造與全球服務整合為一體的世界
級加工貿易基地，更通過香港資本和產業、內地勞動力
向珠三角整個地區的空間流動和高度聚集，推動了整體
地區的工業化與城市化進程。香港與珠三角地區由此開
始起步，邁向具國際競爭實力的多中心珠三角城市群。
也就是說，大珠三角地區「前店後廠」的合作格局，即
大珠江三角洲地區的第一次產業整合，不僅昭示了港澳
地區重新回歸珠三角地區的經濟版圖；更通過產業空間
一體化推進的工業化，帶動了珠三角地區的城市化，令
珠三角城市群初見端倪。

「前店後廠」的模式，基本決定珠三角地區在產業製造
環節的分工地位，以及香港在大珠江三角洲地區城市群
中的首要城市地位（又稱龍頭城市）。這些都是「店」
的功能決定的。「店」是整個大珠江三角洲地區對外經

濟聯繫，尤其是與全球經濟網絡聯繫的仲介。只有香港可以聚集生產性服務業，成為承擔整個地區聯繫全球經濟網絡的首要城市。具體來說，香港的「店」的絕對優勢，實質就是中國製造的商品進入全球市場的仲介優勢。「廠」是中國製造，「店」是世界市場。其主要的仲介物就是商品。

從1979—2000年間，香港資本進入珠三角地區達到718億美元，佔珠三角地區全部外資存量的72.7%；香港人員進入內地的跨境流動人次逐年增長，2000年跨境人次超過5,000萬以上；由加工貿易連接起香港與珠三角之間的貿易關係，則在這一時期以年增長率30%的速度發展。香港與珠三角之間成為互相最大的交易夥伴；而珠三角地區則成為內地最大的加工貿易製造基地，2000年加工貿易佔廣東全省出口額達到78.7%的比例。[16]

3. 實事求是地看，香港經濟增長最為快速和輝煌的一頁，就是香港製造業崛起的時期。香港在1979年中國實施

---

16. 資料源自《廣東統計年鑑》各年號。

改革開放時，對中國形成的最主要絕對優勢也是由製造業發展所創造的。但是，香港製造的出現對於香港自由港來說，蘊涵着許多偶然因素。自由港本身是商業資本運作、重商主義流行的地方，並不存在工業的發展環境和企業家形成的內在因素和外部條件。這就是新加坡一直以來通過政府的經濟政策，改變本土的經營環境，努力引進海外大型製造企業進駐的原因。而香港卻能夠因特殊的歷史條件和地理位置，在自由港的重商主義環境下，移植內地，尤其是上海的工業，並由內地來的企業家實現了工業化的進程。這可以説是歷史給予香港的一種幸運。

雖然製造業為香港帶來經濟繁榮，但是重商主義的香港卻一直看不起製造廠商，並把他們貶稱為「做廠佬」。所以，香港製造業只能是一種全盤移植的製造業。香港本土的親商環境缺乏企業家精神，使香港製造業僅在輕型加工的第一階段之後，馬上轉到服務業發展，而無法升級到重化產業的第二階段和高端精密製造的第三階段。這就為香港製造業大規模轉移內地，導致產業空心化之後，絕對優勢的消減埋下伏筆。

為了提升香港的競爭力，回歸前中央政府就對香港經濟走向高增值之路予以重視，並且在1997年回歸後更予以關注和實際支持。1990年代中期，中央政府指示深圳要與香港共同合作，發展高科技產業。深圳政府專門闢出科學園區，引進香港的高校開發機構。但是，深圳發展高科技的努力並沒有得到當時香港的積極回應。港商仍然沉浸在產業轉移、維持低廉成本和獲取高回報的喜悅之中，不能自拔，所以深圳最終只能單獨完成高科技發展的任務。實事求是地說，深圳是挾中央政府給予香港的關照，而成為今天的中國高科技基地，珠三角地區的「矽谷」。深圳高科技的發展，為後來對香港形成高科技優勢奠定了基礎。

4. 當香港通過製造業轉移內地攫取大量收入，香港的華資地產商也開始涉足內地，令香港本地的華商資本不斷壯大。在此期間，原來佔據外來投資第一位的日資，其資本主要涉及金融業、製造業和百貨零售業，當中以金融業使香港成為日本的離岸金融中心。因1990年代日本經濟泡沫破滅，經濟陷入停頓，日本資金全面緊張而逐步

退出香港；英資財團則因1997年香港回歸的問題，在香港採取守勢或遷冊離開的經營手法；而回歸後中國資本更加快進駐香港。上述的變化，使香港的資本結構發生了轉變。華資佔據了主導地位，中資更成為不可忽視的力量。但是，隨着華資進一步冒升，由華資掌控的香港地產商開始壟斷市場並持續加劇，後來更因為日資大舉退出香港而留下的空白地帶，如百貨零售業，大多由本地華資地產商填補，所以導致壟斷的現象不僅在地產、金融、航運等行業出現，就連百貨零售業也開始發生此情況。香港本地市場開始走向全面壟斷。華資壟斷財團的產生，以及所形成的利益格局，在1997年回歸後原封不動地延續，甚至更被人稱為香港商界精英，以建構香港優勢或經驗之名持續發展。這對香港社會和經濟發展產生的負面影響均在2000年後逐步浮現。

5. 1997年香港回歸之際　亞洲金融風暴席捲而來，戳穿香港當時的地產和金融雙泡沫，經濟硬着陸帶來巨大的直接衝擊。在這個衝擊之下，香港經濟開始進入低增長的

通道，歷經10年香港經濟才回復到1997年的水平。香港經濟之所以在1997年遭受重大打擊，是因為香港製造業轉移後，經濟高速成長，收入水平急速提升，尤其是香港製造商在內地賺取的大量收入重新回到香港，在香港市場十分狹小、土地資源緊絀的情況下，大量資金不斷湧入地產市場，地產興旺又推高了金融市場的持續擴張，造就1997年回歸前的地產和金融雙泡沫。這個事實充分暴露了香港在新自由主義影響下，內部缺乏新興產業和新型創業活動的政策環境，從而無法形成新的資本和投資市場。在這種情況下，大量財富和資金只能集中於高盈利的地產和金融業。這正是產業空心化產生的經濟泡沫化後果。新自由主義對香港造成經濟壟斷性、內部產業的空心化和泡沫化，但特區政府在回歸後未有正視問題，依然以「積極不干預」作為經濟政策的底線，最終引起香港今天的社會經濟治理屢屢出現的矛盾和問題。

再轉型——全球城市的發展與挑戰

以2001年作為香港經濟再轉型的劃分，似乎不太客觀。因為香港作為生產性服務中心的功能和亞太地區的世界城市，其經濟的支柱產業——轉口貿易及物流業，即國際貿易中心和航運中心的地位，在2005年才達至頂峰。這個事實與新自由主義全球化在同期達到頂峰，並在隨後的2007–2008年崩解相一致。2005年，貿易及物流業佔GDP接近30%，而就業人口的最高年

份為2007年的84萬人[17]，與當年以製造業為主導時的佔比基本相同。隨後，因2007-2008年發生全球金融海嘯，這兩大支柱產業開始走下坡。因此，從香港和中國捲入美國主導的經濟全球化走到終結來看，我們更應該把香港進一步的經濟轉型，劃分在2007-2008年的全球金融海嘯之後。

然而，這個劃分之所以合理，是因為2000年以後，香港的跨境生產基地——珠三角地區，尤其是廣州，正踏入工業化升級的第二階段：重化工業發展階段。廣州的產業升級與轉型作為撬動香港生產性服務中心地位的一個楔子，開始動搖香港跨境生產基地的「廠」地位；而隨後在2001年中國加入世界貿易組織（World Trade Organization，以下簡稱WTO），直接威脅香港作為商品仲介的「店」功能；最後2008年全球金融海嘯的發生，中國製造開始轉型為中國市場，導致香港以國際貿易與國際航運為主的經濟功能走下坡，經濟轉型不得不再次發生。

---

17. 資料源自香港特別行政區政府統計處的統計月刊專題文章《香港經濟的四個主要行業及其他選定行業》，2000-2010年各年號。

香港經濟功能再轉型的外部壓力

第一，2000年起，沉寂多年的廣州掀起新一輪的經濟發展浪潮。以三大日資汽車企業進駐、廣州石化高速發展為推動力，廣州迅速向重化工業邁進，並在珠三角地區推動新一輪進口替代工業化的進程。珠三角地區產業升級的一大亮點，就是高新科技產業的崛起。與重化工業的領軍者廣州相並列，此次領軍者是珠三角地區的另一核心區域深圳。歷經二十多年的產業發展，珠三角地區在80年代形成以食品飲料、服裝紡織等為支柱的輕工業；90年代被家用電器、建築材料產業取代；而90年代後期則是電子資訊產業異軍突起；2000年後出現裝備製造業與石油化工等重化工業迅速發展的勢頭，並且具明顯的進口替代特徵。這一切均表明珠三角地區開始邁向產業升級轉型的新階段，從出口導走向進口替代。由於珠三角地區的香港跨境生產基地在廣東工業所佔的比重開始縮小，而且無法為進口替代的重化工業提供實質性的生產性服務，所以珠三角地區必須就地發展重化工業所需的生產性服務。因此，舊有的「前店後廠」格局面臨破局。2000年的數字顯示，廣東輕工業的主體，如紡織服裝業和食品飲食業等，佔廣東規模以上工業產值的比重已經下滑至15.6%[18]，反映出香港對珠三角地區的產業輻射力開始弱化。

---

18. 資料源自廣東省統計局。

2008年，中央政府批准《珠江三角洲地區改革發展規劃綱要（2008-2020年）》，這對於未來珠三角地區的發展重心是產業的雙輪驅動，即形成現代服務業和先進製造業驅動的主體產業群。這是珠三角地區作為全球製造業基地，首次把服務業置於製造業之前，並把它當作優先發展的產業。這個戰略提法，也首次突破過去多年來珠三角地區與港澳之間達成的「粵主製造、港主服務」的共識和定位，而變為與香港「錯位發展」的關係，導致「前店後廠」徹底破局。

2008年，廣州被確立為國家中心城市。為配合廣州重新崛起，廣東省政府在空間佈局方面加快建設以廣州為中心和交通樞紐的立體綜合型交通體系，包括三環八射的城際鐵路網、跨省高鐵和高速公路網絡、廣州新白雲機場、廣州南沙港，以及汽車碼頭等一系列交通基礎設施，意圖建構以廣州為中心的珠三角地區「1小時經濟圈」，以及跨省的「3-4小時經濟圈」。這些均對香港航運中心的地位造成挑戰。

第二，2001年底中國加入WTO，預示着中國將開放全球市場，並加入國際經濟體系之中。這個進程表明中國已經成為現代世界經濟體系中的一員，在很大程度上無需通過中間人，將商品迂迴地進入世界市場。故此，香港作為中國製造連接世界市場的仲介和橋樑的地位開始大為下降。同樣地，以商品的轉口貿易和運輸為主的「店」功能，其作用亦大大降低。

為配合廣州重新崛起，廣東省政府在空間佈局方面建設南沙港，作為中國最大型的貨櫃碼頭，希望建構以廣州為中心的珠三角地區「1小時經濟圈」，以及跨省的「3-4小時經濟圈」。

中國愈開放，香港的獨特性就愈小。按照中國對WTO的承諾，中國對世界市場的開放不僅是商品市場，更關鍵的是服務市場的開放。這預示着中國需要製造業和服務業的資本進入，以促進本土服務業的發展。中國需要本土，而非境外的「店」。中國在WTO對服務貿易的承諾標準，大型外資服務商進入中國的便利化程度，超越香港以中小型為主的服務商，而有些行業的進入門檻更是香港企業無法企及的。在此，香港首次發現自己在服務業進駐內地市場方面，並不具優勢。

2003年在香港商界的強烈要求下，中央政府與特區政府簽訂《內地與香港關於建立更緊密經貿關係的安排》（CEPA）協議，全面放開內地市場，尤其是服務業市場，並適應香港服務商的要求，將進入服務市場的門檻大大降低。這個決定使香港原有的跨境生產基地之離岸服務中心地位，通過服務商進入內地，向就地服務轉化。香港亦因此開始了「前店後廠」轉化為「廠店合一」的漸進進程，以及與珠三角地區的第二次產業合作，即以服務業為中心的經濟合作進程。

十分有趣的是，當香港服務商把港口運輸、金融和會計的後勤部分，如文字和資料處理、呼叫中心等，轉移內地之後，香港亦開始轉向發展內地進口這類服務。只要看廣東對香港的服務

貿易資料，我們可以知道與中國對香港處於貿易逆差不同，廣東一直佔據着貿易順差的地位，尤其是運輸、商務服務方面。我們也能理解到一點，就是一個離岸的生產性服務中心，逐步向就地服務提供轉向，無疑對維持本土生產性服務的地位造成巨大挑戰。

第三，2007-2008年的全球金融海嘯，預示着美國主導的經濟全球化終結。這個全球化以美國的負債消費、中國製造為主要特徵。香港在這個亞太地區世界城市的經濟功能，就是通過把珠三角地區的加工產品，與美國的消費市場連接，而發揮着貿易中心與航運中心作用。在亞太地區的這個貿易版圖中，香港的作用不可忽視。

香港過去一直是中國出口導向戰略的引領者，憑藉長期形成的國際市場聯繫，優越和具戰略意義的地理位置，以及國際貿易城市（trading city）的網絡，成為當時中國開拓與聯繫國際市場的重要仲介。也就是說，香港能夠成為大珠江三角洲地區的首要城市，在於它能夠掌控內地經濟崛起的新市場——國際市場力量。然而，全球金融海嘯爆發，昭示着以歐美為中心的國際市場主導的增長模式結束。中國踏入一個重大的經濟轉型期，即從過去的國際市場導向走向國內市場導向，從中國製造走向中國市場的新階段。在這個階段中，內地市場的全面開放，打破過往香港作為內地連接國際市場的唯一仲介地位；更為重要的是，此次的經濟發展戰略不再是出口導向，反而更具

進口替代特徵;市場轉換意味着重心不在香港具優勢的國際市場,而是在港商很少涉獵且不熟悉的內地市場。在開拓內銷市場、抓住新市場動力上,香港無疑未能與華南地區的傳統商業中心廣州角力。因此,在無法掌控新階段中新市場動力的情況下,香港在大珠江三角洲城市群之間的地位不免下降。

隨着內地經濟的轉型升級,香港周邊城市的加速發展最終改變了香港與珠三角地區的經濟實力對比。1980年香港經濟為當時珠三角地區的11.7倍;1990年為5.8倍;2000年則為1.5倍;至2010年則僅為珠三角地區的46%。2003年廣東省經濟總量超越香港,2015年廣州的經濟總量首次超越香港,而2016年預計深圳也會進入這個行列。在中國城市中,香港原來在1980年代佔據內地GDP的20%以上,以第一大城市而傲視全國,但於2015年則排在北京、上海、廣州之後,其經濟總量僅為內地GDP的2.6%(按2015年內地和香港GDP市價折算美元計)。[19] 由此可見,香港獨特性與優勢的消減,其實是中國經濟快速崛起,中國市場經濟不斷加大開放,造成香港地位相對下降的產物。

19. 資料源自香港特別行政區政府統計處、國家統計局、廣東省統計局。

香港經濟功能再轉型的內部因素

從香港內部的經濟因素來看，香港面臨種種問題，如港商對經濟形勢變化的反應遲鈍、服務商進入內地市場的影響、香港成本尤其是土地價格逐年飆升等。而這些都是香港在固守不干預的政策環境下，導致其貿易中心和航運中心地位開始變化的誘因。

第一，香港在珠三角地區複製的由香港製造逐步被邊緣化，其實源自於港商對「前店後廠」加工貿易模式的固守，使香港未能跟上珠三角地區產業升級的步伐，以及獲取新產業發展的動力。2006年中央政府收緊加工貿易政策、2010年推動加工貿易轉型升級等一系列措施，預示中央和地方政府已經意識到加工貿易把中國製造鎖定在低端價值鏈的弊病，同時也看到加工貿易政策成為許多廠商利用香港自由港地位，通過對香港的出口複進口，從事出口貿易退稅的套利行為。此時大量港商並沒有採取積極態度，正面回應形勢變化，反而採取組團上京的方法，多次向中央要求延緩政策的實施。因此，導致香港製造從原來1980年代的廣東主導產業，成為珠三角地區產業轉型升級後的低技術產業。我們從廣東出口產品的結構變化中，可以看

到這一點。2000年以後,廣東出口已經形成以機電產品和高新科技產品為主導的貿易結構,充分反映出珠三角地區製造業的去香港化進程。2015年,廣東機電產品出口佔總出口額比重達68%,高新技術產品出口佔比則為36%。[20]

在2008年金融海嘯以後的加工貿易轉型升級政策中,廣東政府花費了數百億資金推動企業內銷,幫助大量港商進入內地市場。2014年底的一份問卷調查發現,在港資企業最為密集的東莞市中,已有87%的港資企業從事內銷,而且大部分企業兼具出口、內銷與轉廠的多種銷售形態;港資企業內銷均值達35%。[21]這一變化使香港貿易中心的功能失去長期由港商加工貿易主導的動力。這個走勢更加重近年來珠三角地區的企業向海外生產基地的轉移。目前,珠三角地區的港商大部分已經在東南亞設置生產基地,而它們與海外生產基地的聯繫,是以一般貿易進行,無需通過香港。2015年香港在珠三角地區所佔貿

20. 廣東省商務廳(2016)。《廣東商務發展報告(2015–2016)》。廣州:廣東人民出版社。

21. 封小雲(2015)。〈經濟新常態下東莞外資企業的現狀與走勢研究〉,《當代港澳研究》。廣州:中山大學港澳珠三角研究中心。2期。

易總量比重，已經從1990年代的70%下降至20%；以港商為主的加工貿易比例從2000年的80%以上，逐年下降；2015年加工貿易佔全省進出口的比例已經下降至43%（其中包括台商的機電和高技術產品的加工貿易部分）。一般貿易成為廣東進出口的主體。[22]

與港商製造在珠三角地區比重下降無異，香港廠商在珠三角地區投資經營的戶數也出現較大跌幅。根據香港工業總會的報告，1990年代至2000年期間，港商在珠三角地區總計有五萬多家企業，共僱用外來勞工1,000萬人。[23] 自2005年，尤其是2007年金融海嘯以後，港商企業數字逐步減少。雖然有香港服務商進駐，以緩減製造商減少的速度，但卻無法根本性地阻止港商下降的趨勢。以2014年底數字來看，港資製造商從2000年代中期的五萬多家，減至約二萬家，僅為2005年的40%（廣東省工商行政管理局數字）。由此可見，香港的跨境生產基地持續萎縮，直接威脅香港離岸生產性服務中心的地位。[24]

---

22. 廣東省商務廳（2016）。《廣東商務發展報告（2015-2016）》。廣州：廣東人民出版社。

23. 見香港工業總會的兩次《珠三角製造》報告。

24. 資料源自廣東省工商行政管理局。

第二，繼製造商之後，香港服務商亦於2000年陸續進入內地，而其背後的考量因素仍然是香港的高昂成本，尤其是土地成本。持續攀高的地租和貨物存儲成本，使香港的基礎設施雖然具有世界水平，卻難以維持競爭力，導致大量服務商進駐內地投入基礎設施的建設，例如李嘉誠的財團很早便進入珠三角地區投資港口。2000年以後，珠三角地區迅速建設基礎設施，令珠三角地區城市的吸納能力大大提升，並逐步代替香港的服務功能。這些在香港貨物貿易、港口運輸和物流配送等功能上尤為突出。是故，香港從原來1990年代的世界第一大貨櫃港，自2010年以後開始直線下跌，於2015年更跌至全球第五位。深圳港的貨櫃輸送量已超越香港，而廣州的貨櫃港則緊跟在香港之後。廣州港掌控着新市場需求的動力，並在2010年後成為整個大珠江三角洲地區輸送量最大的港口。2015年，廣州港口輸送量超過五億噸，成為全球輸送量第五大港，其吞吐總量為香港與深圳總量之和。

此外，香港地價昂貴更驅使大量從事貿易、物流、銀行等行業的服務商，將後勤服務基地和客戶服務中心轉入內地，同時只是把市場策劃、會計財務、人力資源管理、資訊處理和貨物調配等總部職能，或產品供應鏈的控制和調配功能集中香港。

第三，在上述兩個因素的影響下，香港貿易中心持續轉型，從轉口貿易走向離岸貿易中心，即非實體的貿易中心。上世紀90年代，香港已經成為內地聯通全球的最大轉口貿易中心，而轉口貿易的發展則說明當時的全球供應鏈控制者，尤其是在香港境外的製造商，不僅視香港為商品的交易平台，還將商品運輸放在香港，因而帶動香港成為全球最大的轉口港。然而，自1990年代以後，香港貿易持續轉型，從轉口貿易向離岸貿易迅速擴張。根據香港貿易發展局的調查顯示，香港企業的離岸貿易總值在1997年已經佔轉口貿易的85%，2005年與轉口貿易總量持平，2006年以後則超越轉口貿易迅速擴張。2014年，香港離岸貨品貿易的銷售價值為52,302億港元，而獲取的離岸收益達到2,839億港元，不僅大大超越當年轉口貿易的35,584億港元，更為香港當年出口總額的1.4倍。[25] 所以，香港已成功轉型為以離岸貿易為主的國際貿易中心。

離岸貿易的發展，加強了香港國際貿易平台和跨國公司在香港設立地區總部的地位，意味着供應鏈控制者（即製造商或貿易商）只在香港從事商業代理和仲介活動，而把實物的交易、運輸放在其他國家進行。也就是說，香港不再是一個實體的貿易

25. 香港特別行政區政府統計處（2016）。《服務業統計摘要（2016年版）》。

與物流中心，而僅僅是貿易與物流營運的利潤中心，香港退出實體的貨物進出口貿易中心，日益向全球貿易營運與管理中心轉移。這個直接結果產生兩個方面的影響：一是香港企業處理的貿易量實際上高於統計的進出口量。這些貿易主要在境外進行，香港企業只是作為交易代理在香港獲取利潤，或者透過提供交易代理的服務，在香港獲取傭金、代理費和服務費。二是離岸貿易的方式中，如果商品並無沒有過境香港，而是在香港以外的地方直接付運，則與香港的航運無關。這反映出周邊珠三角地區交通基礎設施的興起，對香港產生的直接代替結果；如果港商僅以商務代理的名義在香港從事活動，同時把貨物運輸也置於香港，則稱之為轉運。雖然轉運的運輸活動設於香港，但是與轉口貿易相比，其利潤空間卻很小。

於是，在香港貿易從轉口貿易轉向以離岸貿易為主的同時，香港航運物流也從轉口走向以轉運為主。根據香港貿易發展局2008年的報告顯示，2006年期間，離岸貿易佔香港貿易總值的56%，其中境外直接付運和轉運分別佔44%和12%。2015年，

香港港口的轉運量已經佔全部貨物運輸總量的52%[26]，這個數字說明香港已經從轉口港成功轉型為轉運港。以2005-2015年的港口貨運增長來看，10年來港口貨運年均增長為1.1%，而直接裝運增長僅為0.2%，轉運增長則為2.0%，是直接裝運的10倍。[27]這反映出過去10年來香港航運增長的推動力就是轉運。目前，香港航運依靠轉運支撐，轉運部分仍然留在香港，並非因為香港港口具競爭力，而是皆因香港擁有完善的制度。即是說，時至今日，內地港口的轉運制度體系仍然不開放；而香港則是內地沿海地區唯一一個可以供外籍班輪轉運中國貨物的境外港口，故具有獨佔地位。[28]再者，香港擁有全球頂級的物流效率，實行自由港政策，都是目前香港轉運樞紐得以形成和維持的競爭優勢。

然而，上述的優勢，尤其是最為關鍵的獨佔地位，並非是內地永遠觸不可及的。從中長期的視角看，中國為加大開放力度而設立的自貿區，已經被賦予可以複製世界經濟中有效運行體制的權利。廣東的三個自貿區所實施的政策和體制，亦開始向香

---

26. 資料源自香港貿易發展局。

27. 資料源自香港特別行政區政府統計處。

28. BMT Asia Pacific（2014）。《香港港口發展策略2030研究》。香港特別行政區政府委託之研究報告。

港的自由港政策靠攏。廣東自貿區的方案中，更明確提出要借鑒香港可行的政策和營商環境，務求創造新的國際貿易與物流體系。所以，我們實在難以保證香港目前具有的獨佔優勢，仍然能在未來持續下去。一旦這種獨佔優勢被打破，則不禁令人懷疑香港能否維持轉運樞紐的地位。在轉運樞紐不能維持的情況下，香港離岸貿易的推進則很可能會發展到完全與香港基礎設施和運輸活動無關，最終導致香港失去航運中心的地位。

香港作為全球城市的初步崛起

繼香港退出實體的製造中心，變為跨境生產基地的離岸生產性服務中心的30年後，其在1980年代經歷的進程現在又再一次重演，即香港的國際貿易中心與航運中心也開始逐步退出實體的進程。隨着香港生產性服務中心的主導產業進行非實體化的發展，香港開始邁入以全球化先進服務業為主導的全球城市。香港對內地的經濟優勢，開始從中國製造的商品走向世界市場的仲介，並向資本在中國與世界之間流動的仲介轉化。

全球城市形成的重要基礎就是投資國際化與金融國際化。在經濟全球化的進程中，跨國公司興起，並進行大量跨國投資和貿易，有助推進資本全球化。在資本進入全球投資的情況下，利潤不斷積累，令跨國公司在全球形成大量金融化資產。在新自

由主義推進的金融自由化進程中，大量金融化資產不斷聚集，故需要一個高度集中的調節樞紐來分配和組合其運行，以獲取更大的利潤。一方面，全球化資本的跨境流動數量愈大、地域愈廣闊，就愈需要集中的指揮和營運；另一方面，資本愈是集中調配，則愈能產生聚集效應，其剩餘盈利也就愈高。而擔任調節樞紐的地點，就是全球城市。

全球城市這個高度集中的調節樞紐，需要的不僅僅是金融業，而是一個高度專業化、架構複雜的金融中心，包括金融、會計、法律、廣告和管理諮詢的高度專業化，即全球高端服務業。這是因為世界上有許多金融中心已經通過相互聯合，形成全球金融體系。而每一個金融中心，都發揮着國內外資本進出迴圈的通道連接功能，由此融入全球金融市場和體系。這種複雜的運作將趨向由高級的投資公司（並非銀行）、會計事務所和律師事務所等來執行。至於那些一流的全球服務公司，以及相關的法律、會計事務所等聚集的金融中心，就是全球城市。由此可見，1990年代開始，全球資本主要集中於金融中心，不僅是地理集中的意義，更是資本流動的一種新形式。

高度專業化服務業聚集的金融中心，其經濟功能主要是重組和配置跨國公司在全球投資獲取的利潤，為企業和市場的全球運行提供服務。它並不是為城市內部的基本經濟需要服務，而是先進服務業的聚集地，能夠與全球市場互相聯繫。雖然生產性服務中心和全球先進服務業聚集中心都屬於生產性服務業，即中間投入，而非消費性服務業；但二者的區別在於前者是服務於離岸的跨境生產基地，而後者只針對資本和金融資產的運作，與生產無關。全球城市產生的路徑遵循國際投資帶來的工業全球化——服務業全球化——金融全球化（金融中心）和服務業高度專業化發展，而這正是紐約、倫敦和東京等全球城市所經歷的發展路徑。目前，香港基本上也遵循這個路徑發展。

第一，全球城市的主導產業是由高度專業化的金融、專業服務業構成的。從這個角度看，香港作為全球城市的經濟功能轉換，首先是主導產業的轉換。據2004–2014年十年間的資料顯示（見表2.2），香港貿易及物流業作為生產性服務中心的主導產業，其增長率已經鈍化。其中，貿易及物流業佔本地生產總值的百分比亦持續下降，從2005年最高佔比的28.6%，跌至2014年的23.4%，而就業人數更從2007年最高峰的84.2萬跌至2014年的76.5萬。相反，金融、專業及商務服務業的增長率則維持高位，其中專業服務的年均增加價值變動率更高達10%，所佔本地生產總值的比重亦不斷上升。2014年，金融與專業服務及其他工商業支援服務合共佔本地生產總值的百分比達到29%，而就業人數更從2004年的56萬，上升至2014年的74萬。

表2.2　2004–2014年香港四大行業增加價值發展走勢（%）

行業	增加價值變動率	年均增加價值變動率	增加價值佔本地生產總值的百分比[1]	
			2004	2014
（1）金融服務	+116.1	+8.1	13.1	16.7
銀行	+141.9	+9.2	7.4	10.5
保險及其他金融服務	+85.9	+6.4	5.7	6.2
（2）旅遊	+190.6	+11.3	3.0	5.1
入境旅遊	+229.6	+12.7	2.2	4.2
外訪旅遊	+83.5	+6.2	0.8	0.9
（3）貿易及物流	+45.5	+3.8	27.6	23.4
貿易	+53.7	+4.4	22.3	20.0
物流	+10.8	+1.0	5.3	3.4
（4）專業服務及其他工商業支援服務	+95.7	+6.9	10.9	12.4
專業服務	+129.5	+10.0	3.6	4.8
其他工商業支援服務	+79.0	+6.0	7.2	7.5
四個行業總計=(1)+(2)+(3)+(4)	+80.8	+6.1	54.5	57.6

註釋：① 四個主要行業佔本地生產總值的百分比是用以基本價格計算的名義本地
　　　生產總值來編製的。這與我們常用的以當時市價計算的本地生產總值有
　　　少許不同，後者包括產品稅。

資料來源：根據香港特別行政區政府統計處的數據整理。

英國全球化及世界城市研究網絡（GaWC）在2012年的評估，是根據高階生產性服務業（即金融、廣告諮詢、法律、會計等行業）提供的聚集度為城市排名，而香港當年已排名第四，僅次於紐約、倫敦和東京。由此可以說，香港具備全球城市的特徵。

第二，香港是全球城市的另一指標，就是香港作為全球外商直接投資（foreign direct investment，簡稱FDI）的資本中心地位不斷冒升。FDI是跨國公司資本全球流動的主要形式，而其聚集地點就是全球資本集中調配、企業跨國活動的關鍵區位。根據聯合國貿易和發展會議的《世界投資報告》，香港從2004年排名全球投資規模的第十位，躍升至2013年的第五位，而2014年則位列全球第二。無論是在全球直接投資流入量，還是流出量方面，香港都是全球最為重要的投資中心，也即企業跨國投資的主要聚集區間。2014年，香港的對外投資存量高達12.3萬億港元，吸納外來投資則為12.7萬億。2015年，包括證券投資在內的資本收益流量，淨值為 395億元，而流入和流出量則分別為1.27萬億及1.23萬億元。這充分顯示香港具有資本配置及盈利能力。[29]

---

29. 香港特別行政區政府統計處（2016）。《2016統計年報》。

香港的國際投資結構也體現出全球城市之特點。無論是外來投資進入香港，還是香港投資海外，其主要的投資方向都明顯具有向高端服務業聚集之特徵。2014年來自海外的外資存量結構中，投資及控股（主要的金融部分）、地產、專業及商用服務佔比高達62%，銀行及金融（不包括投資及控股部分）佔比13%，二者相加為75%；而香港對外投資存量結構中，投資及控股、地產、專業及商用服務佔比為74%，與銀行保險及金融（不包括投資及控股）相加，佔比接近80%。[30] 這些數字反映出海外資本進入香港，以及香港進入海外的資本，均聚集於高端服務業，從而促進香港向全球城市的經濟功能轉換。

第三，香港向全球城市發展的主要推動力仍然來自內地。也就是說，香港的新經濟功能，或稱經濟優勢，是中國與世界資本流動的主要仲介，並不再是以商品作為仲介的內容。

---

30. 香港特別行政區政府統計處（2015）。《2014年香港對外直接投資統計》。

2000年以後，中國企業的成長與資產聚集，居民收入提高，不斷推動內地的儲蓄與財富積累，為資本的形成奠定了經濟基礎。為了扭轉香港因1997年亞洲金融危機爆發而引致的經濟增長下降，中央政府大力推動內地中央企業透過改制後，首先在香港上市，然後帶動大型民企進入香港股票市場，由此在根本上改變香港股市的基本結構。目前，內地企業佔香港股市比重已經超過了六成以上，可見香港已成為內地企業海外融資的主要市場。巨型國內企業在香港上市，不僅使香港股市成為全球首次公開發售（IPO）第一的資本市場。中央政府更通過「滬港通」，以及隨之實施的「深港通」，使香港成為內地居民投資海外的主要通道。與此同時，中央政府全力支持香港成為國內最大的人民幣離岸中心，推動人民幣國際化。上述種種都是香港能夠成為全球僅次於倫敦和紐約的第三大金融中心的巨大動力。

在資本流動方面，三十多年來香港一直維持着內地最大的外來投資者地位，是跨國資本進入中國的主要通道。2010年以後，中國作為全球最大的貿易順差國，開始轉向海外大量投資。香港又成為內地企業「走出去」的主要平台，為內地企業的海外兼併提供資金融通。因此，香港作為全球投資中心的地位，與其資本在內地的流入和流出息息相關。香港作為內地資本配置中心的地位亦已經浮現。從2014年香港資本的流入與流出的地

表2.3　2014年內地在香港直接投資的流入量和流出量佔比（%）

	直接投資流入量	直接投資流出量
佔存量比重	38.7	52.6
佔流量比重	30.0	78.0

資料來源：香港特別行政區政府統計處（2015）。《2014年香港對外直接投資統計》。

區流向來看，內地不僅是香港資本流入的主要投資者，也是香港資本流出的主要目的地。即是說，2014年內地作為全球直接投資流入的第一大國，其中有78%的資本源自香港，而進入香港的外來直接投資中也有30%來自內地，佔內地資本流入全球的25%。（見表2.3）

在資本收益方面，內地一直是香港資本向外直接投資收益流量最大的來源地。多年來，在香港與英國、美國等國家之間的資本流動方面，資本收益淨流量一直錄得負數，即香港在英美或其他國家的投資所得，低於英美或其他國家在香港的投資所得；而只有香港與內地的資本流動，錄得巨額的資本收益淨收入流量。2015年，從香港與內地的資本流動中，錄得了2,549

億元的淨收入流量，彌補了香港與其他地區的負淨收入流量，使香港獲得395億元的流量淨值。[31] 由此可見，內地是香港吸納資本收入淨流量的唯一地區。其背後反映了香港對內地的資本營運優勢。

由上述分析基本可以判斷出香港正逐步從跨境生產基地的生產性服務中心，向先進全球化服務業聚集的全球城市發展。

香港作為全球城市面臨的挑戰

與前幾次的經濟功能轉換相比，香港目前正朝着全球城市的經濟功能轉換。其進程因面臨大量障礙因素，有些甚至是制度性障礙，所以註定會比前幾次經濟轉型，具有更多更大的挑戰。

第一，從全球城市的經濟功能形成歷史看，香港與紐約、倫敦、東京等城市相同，不僅在國際貿易和銀行業中心、航運中心方面具有悠久歷史，也是過去半個世紀以來世界與區域之間的首要城市。這是首要城市發展成全球城市的歷史與現實條件。但是，全球城市的經濟功能主要是在高度專業化的先進服

---

31. 香港特別行政區政府統計處（2016）。《2016年統計年報》。

務業聚集後產生的。這些高階服務業主要包括金融、會計與管理諮詢、法律、廣告與設計和科技研發等。例如，東京的八王子市（Hachioji）、紐約市的羅斯福島（Roosevelt Island），以及曼克頓的蘇豪區（SoHo）。前二者都是兩個大都市的科研密集區，而後者則是紐約新晉的設計師密集區、美國時尚產品的發源地。

香港目前在前四個服務業聚集上都佔有優勢，但是卻缺乏科技研發的聚集。也就是說，目前香港要發展成全球城市，其經濟功能還是不健全的。研發服務業的低聚集度，令香港先天具有跛腿的全球城市特徵。更具體來說，全球城市必然具有以下四種主要職能：1）經濟組織的高度集中控制點；2）金融機構、專業服務公司作為主導產業的聚集地；3）高技術產業的研發基地；4）產品創新活動的市場。[32] 基本上，香港目前已具備前兩個職能，但是在後兩種方面，卻十分欠奉。也就是說，作為全球城市的香港，目前仍然存在很大的不足，導致香港難以產生

---

32. 沙森（Sassen, S.），周振華等（譯）（2005）。《全球城市——紐約 倫敦 東京》。上海：上海社會科學院出版社。

曼克頓的蘇豪區是紐約新晉的設計師密集區、美國時尚產品的發源地。

新技術、新產業的動力。而這些不足背後的根源，就是香港長期以來的經濟管治仍然停留於所謂「積極不干預」的思維。

第二，如前所述，香港目前的經濟發展階段和經濟功能，已經具有世界知名城市學者，如絲奇雅•沙森（Saskia Sassen）所歸納的全球城市之特徵。[33] 但是，在當下的全球城市中，例如紐約、倫敦、東京及巴黎等，都是一個國家的首都或經濟中心。這些在全球城市聚集的企業，大多是本土的全球性企業，或者是把當地當作全球總部的海外跨國企業。這些城市就是世界500強企業總部的聚集地。例如，日本的跨國公司幾乎全部把總部設於東京市中心；美國最大的500家公司中有1/3的總部，以及世界500強中的73家公司均設立於紐約的曼哈頓市中心。[34] 這種總部效應，並非香港的地區總部，而是跨國企業的全球總部。也就是説，全球城市大多是舉全國之力形成的。

香港本土產生的跨國企業主要集中在房地產領域，所以被列入世界500強的香港企業數目很少。由此，大部分進駐香港的跨

---

33. 同上註。
34. 資料源自中國社會科學院，《全球城市競爭力報告》，2008年。

國公司都是企業的地區總部，而非全球總部。隨着中國企業在2007年金融海嘯之後崛起，中國企業目前在世界500強中已經佔有相當數量，2015年公佈的數字已經達到103家。[35] 不少中央企業更成為世界市場中的「巨無霸」，例如全球第一大銀行、第一大通訊公司、第一大石化公司等等。這些企業在中國成長，所以其總部本身就設於北京和上海。中國企業的實力不斷上升，成為北京和上海的經濟實力超越香港經濟的基礎。與北京和上海相比，香港具有發展國際金融中心的優勢條件，即英美法律體系。可是，這個條件並非維持全球城市的主要競爭優勢。東京就是實施大陸法系的全球城市，雖然在國際金融中心方面，地位不如香港，但綜合實力的全球地位，遠非香港所及。由此可見，全球城市的地位並非僅因法律體系而決定的，關鍵因素還在於城市的經濟實力。香港作為內地主權之下的一個獨立關稅區，其經濟相對獨立。但隨着內地經濟崛起，以及內地跨國公司的全球化流動，大家都選擇把全球總部聚集於內地的首要城市，而非香港。而這正是香港作為全球城市的天生缺憾。

---

35. 資料源自《福布斯世界500強企業》。

我們僅從香港跨國公司的地區總部效應，就可以理解這一點。香港是跨國公司地區總部的聚集中心，但地區總部與全球總部的經濟功能卻有着很大差別。2016年，香港的地區總部與地區辦事處已經高達3,731家（不包括當地辦事處，因當地辦事處僅從事香港的當地活動），主要來自美國、日本和歐洲國家。他們主要經營的業務為進出口貿易，其次才是金融、專業服務業；而涉及的地域主要是中國內地、新加坡、台灣、日本和韓國。[36]這些資料表明香港目前只是一個地區性的全球城市。

第三，全球城市的主導產業是資金的全球配置和資本利潤分配。由此，金融中心就成為全球城市的一個重要指標。雖然香港是國際金融中心，其地位更超越東京，但正如資本主義是有等級層次之分，資本主義的國際金融中心也分為不同等級。目前，全球一體化的金融體系和網絡是由不同國家的金融中心所組成的，而每個金融中心都是一體化網絡中的節點。但是，在

---

36. 〈表133：按母公司所在的國家／地區劃分的駐港地區總部數目〉（2016）。取自香港特別行政區政府統計處網站：http://www.censtatd.gov.hk/hkstat/sub/sp360_tc.jsp?tableID=133&ID=0&productType=8。

融入全球金融體系的金融中心數量增加、世界金融市場持續擴張的同時，全球資產的聚集呈非均衡狀態，即在少數的主要金融中心高密度地集中，金融中心的市場份額主要集中於紐約和倫敦等全球城市，表明這些城市是全球資本流動、配置和利潤分配的核心，達到全球金融體系的最高級別。而頂級的金融中心必然具備金融創新的能力，以帶動全球金融市場的發展，如美國的納斯達克市場（NASDAQ）和互聯網金融等。

香港的金融中心是全球金融中心網絡中的一個特定部分，主要承擔的是資本來往中國與世界其他地方的連接通道。這是香港金融中心的最大獨特性，也是其區域性的體現。「如果所有投資者對中國的興趣消失了，或者如果上海複製了香港那種資源組合的功能，那麼香港將喪失這一歷史地位。」[37] 由此可見，香港發展全球城市具有很大的局限性和對外依賴性。

實際上，在中國成為世界第二大經濟體的條件下，中國已具備實力建立全球頂級的金融中心，也具備金融創新的能力。如近年來的亞洲基礎設施投資銀行（簡稱「亞投行」）、互聯網金融等。「一帶一路」戰略逐步展開和實施之後，中國的國家級金融中心將來必定是全球頂級的金融中心，但問題是這個國家

---

37. 沙森（Sassen, S.），周振華等（譯）（2005）。《全球城市——紐約 倫敦 東京》。上海：上海社會科學院出版社。163頁。

級金融中心應該在哪兒設立。在「一國兩制」的條件下，香港並非中國的經濟核心城市，而是中國體制以外的特殊地區，而且地處中國的邊陲。金融中心是一國配置其資產、分配利潤的重大戰略性核心資源。國家不能把這種關係國家經濟安全的核心資源，置於自身政治體制以外、至今仍然沒有實施國家安全立法（如基本法23條）的特殊地區。由此可見，香港的全球城市，尤其是金融中心，能否登上全球頂級的行列，背後的牽制因素最終還是制度性因素，這是香港無法逾越的制度性障礙。

第四，全球城市的經濟功能主要與全球市場相聯繫，而非本地的經濟基本需求。這個特點決定了全球城市的流動，尤其是人員的流動，與高度專業化的服務業相關。也就是說，全球城市是高端服務業的專業人才流動與聚集的空間。這種流動是全球化的，而非局限於城市內部。

紐約、倫敦和東京等全球城市，可以通過經濟組織的高度集中，將最有效率的資源集中本地，同時將不具效率的資源置於周邊地區。這種不斷競爭與淘汰的機制，構成了全球城市的空間分層，即城市的中心與周邊地帶。例如，紐約曼克頓與其他四個地區，東京市中心的四個地區與周邊的市和區；更進一步

的延伸，則有紐約之外的新澤西州、東京之外的神奈川縣和千葉縣等，構成大都會的周邊地帶。全球城市會把全球高端人才集中於中心，而其他人力資源置於周邊地帶，由此提升城市的全球競爭力。2015年，紐約和東京每平方公里的經濟效益分別高達23億和14億美元。[38] 而這就是這種競爭與集中的結果。

「一國兩制」的邊界，卻阻礙了香港作為全球城市的資源競爭與淘汰機制。香港與周邊地區的邊界區隔，限制了邊界的資源流動。香港很難像紐約、倫敦、東京等全球城市般，通過與周邊地區要素的不斷流動，即資源競爭與淘汰的機制，來提升城市的經濟功能。尤其是在全球城市與全球市場互相聯繫，而非本地的經濟需求之時，香港只能通過產業轉移，把沒有競爭能力的產業轉移周邊地區。但是在勞力資源市場上，卻很難把無關全球城市發展的勞力，向周邊地區自由流動，為大量引入高端人才提供空間。這就造成香港在要素（主要為人員）市場

---

38. 根據360網站，《2015全球城市GDP排名》的數字計算。

上，高端人才的自由流入受到限制，以及其他人力資源的流出被阻礙的特點。這個特點阻礙香港發展全球城市，在人力資源市場上，只是不斷吸納人才，卻沒有吐故的機制。從2010年起，香港每平方公里的經濟效益一直徘徊在二億多美元，2015年則為2.6億美元[39]，可見香港與紐約和東京等頂級全球城市形成巨大差距。

由此可見，香港轉型為全球城市，發展高度專業化的先進服務業，體現的是香港對中國的資本流動仲介之優勢。但是，這個經濟功能的轉換進程，不僅受制於香港自身的經濟實力，以及經濟創造力不足的天生缺陷，更受縛於港人為兩制而無視國家安全的制度性因素，其發展必然障礙重重。

事實上，香港過去六十多年的經濟發展，都是在全球資本主義體系中建立自己的獨特地位，並憑藉這種獨特性形成各個經濟發展階段的不同經濟優勢。無論是一百多年前的港口優勢，是20世紀60–70年代的外向型製造業優勢，是中國改革開放的1980–2000年間，中國製造與世界市場的商品仲介優勢，還是時至今天中國與世界的資本仲介優勢，都是建基於香港經濟發展獨特性的基礎上。我們將在第三章就這種獨特性展開論述。

---

39. 根據香港特別行政區政府統計處，《2010—2015年統計年報》數字計算。

第三章

分析香港經濟發展背後的因素

經濟獨特性

香港的優勢和經濟變化建基於經濟的特殊發展特點，即經濟獨特性。這種獨特性是香港的歷史與現實結合的產物。它不僅令香港與其他類似的經濟體相區別，更是香港經濟體系形成優勢和劣勢的原因。由於香港不是一個國家，其經濟基本上是一個都市經濟或城市經濟，因此，要分析香港的獨特性，也只能與其他主要都市作出比較。

從表像看，香港與其他主要都市有兩個最突出的特點。第一，即使香港已躋身全球城市之列，但無論是作為英國殖民地，還是中國主權下「一國兩制」的城市，香港與內地領土之間的連接仍具有十分嚴格的邊界。這不僅是香港與紐約、倫敦、東京等全球城市的分別，也是她與內地主要城市之間的重要區別，因為這些城市都是與本國領土直接聯繫的經濟中心。雖然香港

如今已經是中國主權下的一個城市，但邊界效應依舊存在，令香港與內地城市間的要素、商品、服務和人員流動仍然具有邊界，並產生制度性的交易成本。

第二，香港的特點還來自其自由港的定位。與其他頂級的全球城市和內地大都市不同，香港擁有自由開放的市場，便是其獨特之處。在這方面，唯獨新加坡與香港相類似。這不僅是因為新加坡與香港在歷史上都曾是英國殖民體系的遠東條約港，並在後來發展成為太平洋地區的新興經濟體，還皆因她們目前正同樣為國際金融中心的地位展開競爭。但是，新加坡在1965年擺脫英國條約港地位之後，採取與香港不同的發展路徑，就是政府積極介入經濟。這更突顯了香港經濟發展自由放任之特點。

以上是香港作為全球城市所顯現的表面性特點。更深入地看，香港與所有類似的國際和國內城市相比，其經濟發展的獨特性可以歸納為制度、市場環境、經濟治理和區位四個方面：全球資本主義體系中最自由開放的經濟體制、中西商業文明結合的跨國網絡、親資本政商關係形成的營商環境，以及中國體制以外的城市。

制度的獨特性——
附屬性資本主義的獨特區域

香港經濟發展的最大獨特性應當是其資本主義制度。無論是回歸前，還是回歸後，香港一直維持其自由港的地位（這與其他國際和國內城市不同）。香港是以自由港來體現其資本主義制度的。回歸後，香港仍然實施資本主義，所以在國人眼裏，香港便成為社會主義國家體制以外，能讓國人直接接觸和認識資本主義的地區；而在外國人眼裏，尤其是西方資本國家的眼裏，即使香港回歸，她也是中國唯一實施資本主義的地區，是資本主義進入社會主義的一個重要通道。

香港的經濟發展一直建基於資本主義的體制，而其經濟優勢的建立和延續也同樣以資本主義作為基礎。作為中國體制以外實施資本主義的地區，中央政府依照《基本法》在香港實行「一國兩制」的方針，確保香港在回歸後，原有的資本主義體制與生活方式，維持50年不變（《基本法》第5條）。這不僅令香港的資本主義制度在回歸後得以持續，對香港來說，還具有通過與內地的制度分立，保證香港優勢之意義。也就是說，在回

歸之時，無論是當時的中英雙方，還是香港本身的認知中，香港資本主義體制仍然是經濟優勢的基本根基。因此，雖然香港回歸中國代表着英國殖民管治的終結，但是作為殖民管治時的遺產，自由港的資本主義體制則得以延續。

但是，無論是中國內地，還是香港本身，在回歸20年的今天，大部分人對於香港資本主義的理解，尤其是資本主義體系中，香港資本主義的特質理解，基本上是大而化之。很多人都認為香港的資本主義是自由港體現的市場經濟，就是「馬照跑、舞照跳」的生活方式。當我們談及香港的一制延續之時，往往忽視對資本主義的實質內容，以及香港一制所延續的特定資本主義內容作出分析。因此，我們很難抓住香港一制的核心內容，以及所產生的香港經濟發展特點。

首先，資本主義的本質並非市場經濟，因為市場與市場交易的行為在前資本主義時期就已經存在。無論是馬克思，還是當代西方學者的理論，他們都一致認為資本主義的本質，就是資本

的無限增值與積累。[1]而追求最大限度的利潤就是資本主義的職能。資本主義是目前主導的生產方式，由於資本的增值與積累本身沒有地理限制，所以資本主義體制亦不局限於一個國家，其建立之初就是一種世界經濟體系。這個體系在經濟上呈現多等級且不均衡的地理分佈體系，即由資本主義的核心——半邊緣構成。[2]在歐美核心區域主導的現代世界資本主義體系中，香港資本主義具特殊的性質，卻從未成為資本主義的核心主流。從根本上看，香港自1841年納入資本主義體系之後，就一直處於世界體系的邊緣地帶，屬於殖民地版本的資本主義，即附屬性的資本主義。這種附屬性資本主義的特點，始於香港殖民性質的條約港，即自由港地位。歷史上，英國殖民體系中的條約港，本身就是資本主義殖民地的一種經濟特區。

1. 參見海爾布隆納（Heilbroner, R.）《資本主義的本質與邏輯》、華勒斯坦（Wallerstein, I.）《現代世界體系》、皮凱提（Piketty, T.）《二十一世紀資本論》等著作。

2. 華勒斯坦（Wallerstein, I.）（2013）。《現代世界體系》（第三卷）。北京：社會科學文獻出版社。

香港和新加坡就是當時英國滲入遠東地區貿易的兩個貿易港，亦即英國亞洲網絡的主要貿易站。與其他殖民地不同（例如印度等），英國殖民貿易網絡中的港口或貿易站，往往通過自由港實施的自由放任政策，促進商品、資本、企業、人力的自由流動，以便利英國資本在遠東地區推進貿易權利。由此，自由港成為當時殖民地統治模式的產物之一。香港和新加坡這兩個英國殖民地，當時不僅是世界經濟體系分工的節點，更擔當着殖民帝國版圖的內部分工角色，即位於資本主義世界體系邊緣的港口，將資源、商品源源不斷注入殖民帝國的核心領土。這種殖民自由港的附屬性資本主義，在經濟上主要以尊重市場、自由放任為基本內容，是18–19世紀以前資本主義的另一種版本。

作為一種制度，資本主義既是經濟體系又是法律和制度體系，包括意識形態和價值判斷。香港資本主義的附屬性，就是從自由港開始，一直維繫着政治上的殖民主義和經濟上的自由資本主義制度的互相結合。這不僅可以維護香港這個邊陲地區對殖民帝國的經濟服務功能，更是這個資源匱乏、孤懸於殖民帝國以外的小島，能靈活適應不同時期的地緣政治和經濟變化，穩定社會而不造成帝國財政負擔的最佳選擇。由此，從開埠到二

次戰後的自由放任、工業化時期的「積極不干預」、回歸後的
「小政府大市場」等，都是這種附屬性資本主義的表現和延
續。殖民地的附屬性質決定了香港「小政府」的特徵，而「大
市場」是其必然產物。

附屬性資本主義主要反映在香港經濟貿易層面的自由開放市場
體制，即法治、競爭性市場、簡單低稅制、自由企業制度，以
及與世界市場接軌的國際慣例與規則。這些均由資本主義的核
心區域主導制定（殖民帝國時的自由港體制、1980年代的新
自由主義）。與此同時，香港各個時期的主要經濟功能，基本
上由核心國家的英美跨國公司主導。即使香港回歸後，目前作
為全球市場的產業，如金融、航空物流、專業服務業等，包括
金融中心的運作，基本上仍然由美英跨國公司掌控。正如香港
學者陳坤耀在上個世紀80年代就曾經指出，香港的全球經濟與
貿易網絡，僅是發達國家大型企業全球網絡中的一個非核心鏈
條，香港和港商並無主導能力。

但是，香港自由放任的資本主義體制，在上個世紀70年代以後，因緣際會迎合了全球資本主義體系中的新自由主義潮流，為不少世界知名學者所讚賞。作為資本主義18-19世紀以前自由主義的一個變種，「新自由主義追求的是廢除成熟資本主義的一系列社會保障制度和經濟安排」（Craig Calhoun，克雷格•卡爾霍恩）[3]。港英政府實施的自由放任政策，居然成為當時世界資本主義對凱恩斯（John Maynard Keynes）的干預市場、福利主義的節制資本措施進行全球糾偏，即從資本主義的成熟模式的節制資本、介入市場分配，倒退至19世紀自由放任模式的一個樣本。美國芝加哥學派代表、主張自由選擇的知名學者佛利民（Milton Friedman）在1990年代曾經把香港與其宗主國英國對比，力主尊重市場，放任資本自由流動的好處，令香港自由放任的資本主義制度開始受到世界關注。23年來，香港亦一直被1970年代成立、代表美國西南財團的右翼保守組織——美國傳統基金會（The Heritage Foundation），評為全球最自由經濟體。但是，佛利民卻忽略了一點，就是香港的自

---

3. 華勒斯坦、曼、柯林斯、傑爾盧吉揚、卡爾霍恩，徐曦白（譯）（2014）。《資本主義還有未來嗎？》。北京：社會科學文獻出版社。153頁。

由市場經濟是由18–19世紀帶有自由港性質的殖民地版資本主義演變而成的，從屬殖民帝國的利益；而非資本主義核心國家回應各種政治、經濟和社會矛盾，對資本主義體制不斷主動糾偏、體制模式逐步成熟的結果。

雖然新自由主義極度推崇香港的自由市場經濟，而且經常強調所謂的「華盛頓共識」，但無論是資本主義核心地區的國家，還是半邊緣地區的新興經濟體，甚至是從殖民條約港中獨立的新加坡，至今為止都沒有一個真正完全仿效香港的實例。這就充分說明了新自由主義的理論和實踐之間存在着巨大的張力。

正如18、19世紀以前的資本主義版本，會以新自由主義面目在20世紀80年代興起，並因2007—2008年全球金融海嘯而終結一樣，歷史事件是會反覆重演的。但是，歷史卻不會重複。即使是新自由主義興起的資本主義核心地帶，或亞洲太平洋地帶的新興經濟體，包括中國在20世紀70–80年代設立的各類經濟特區，以及近年成立的自貿區，他們雖然實行自由開放的市場經濟政策（中國的市場開放被西方新馬克思主義者稱之為「中

國特色的新自由主義」）[4]，但卻沒有完全實施真正意義上的自由放任。香港能夠實施自由放任的經濟政策，本質上正是因為其依附型的特殊經濟區域，故形成香港經濟發展的最大獨特性。

大多研究香港的學者認為，香港自由放任資本主義在戰後得以延續，實際上是基於當時地緣政治和經濟變化下，政府為維護殖民帝國利益而不得已實行的產物，並非港英政府真心「尊重市場」的一種制度性創造。但是，這種無心插柳的行為卻十分幸運地順應了1980年代開始的新自由主義推進、由美國主導的新一輪資本主義全球化浪潮。與此同時，中國推動市場化的改革開放，令她成為新自由化資本主義國家投資的新興市場。面對這個20世紀末最大的世界歷史性政治經濟變化，香港因其地緣和市場經濟之利，從資本主義體系的半邊緣地區，提升為資本主義世界與社會主義國家的仲介。而香港的自由市場經濟則

---

4. 哈維（Harvey, D.），王欽（譯）（2016）。《新自由主義簡史》。上海：上海譯文出版社。124頁。

最適合貫通中國與世界市場。[5]即使如此，香港只是作為西方資本主義體系連接中國社會主義體系的橋樑而存在，並沒有變成資本主義世界體系中的核心主流。資本主義體系中的核心歐美國家，利用香港獨特的地理位置、市場經濟的資本和商品自由流動的便利作為政治對沖，進入龐大的中國市場獲利；而內地則利用香港的市場經濟，學習引進世界市場的遊戲規則，並進入全球生產和市場網絡。可以說，過去的三十多年來，內地都是先通過香港這個資本主義的半邊緣地帶，然後進入現代世界體系的。隨着內地經濟急速崛起，從世界經濟增長的邊緣開始進入核心，香港的全球城市地位亦隨之上升，並進入發達經濟體的行列。

---

5. 王于漸（2012）。《香港深層次矛盾》。香港：中華書局。4頁。

由此可見，無論是英國殖民統治時期的自由港，還是新自由主義推崇的經濟全球化中香港的自由市場經濟，其資本主義的附屬性均沒有根本性改變。這種資本主義依附於英美為核心的資本主義，以自由放任為核心。香港自由市場經濟的優勢在1980-2008年得以突顯，實在是世界資本主義體制修補後的新自由主義浪潮和中國實施開放改革的市場化產物。在此，我們需要把香港的自由市場經濟和所造就的優勢，與資本主義相互區別。自由放任是資本主義在18-19世紀採用的一種模式，而非資本主義的本質。在這種模式下，資本追求利潤和無限擴張積累將不受限制，更為自由。2007-2008年的全球金融海嘯，正是這種放鬆監管的「過度金融化」與「不受限制」的資本主義全球化危機的表現。「危機是資本主義再造所必要的。」[6]現今的資本主義世界裏，人們已經開始反思和重新審視新自由主義。而當下西方社會反全球化、保守主義和民粹主義浪潮的興起，正標誌着資本主義已經進入一個顛覆性的變化階段。

---

6. 哈維（Harvey, D.），許瑞宋（譯）（2016）。《資本社會的17個矛盾》。北京：中信出版集團。

因此，我們絕不能把資本主義僅歸咎於自由市場經濟。資本主義是包括經濟、政治等因素的全域性制度體系。除了自由市場經濟，香港的附屬性資本主義也體現在「不受控制」的資本主義層面，導致香港本土市場出現壟斷的情況，地產、零售、銀行和航空等行業一直由香港幾大資本財團集中和壟斷控制。對外的市場自由開放和對內市場的集中壟斷，構成香港經濟的獨特現象，充分反映了香港資本主義的附屬性和壟斷性。

在政府的經濟治理上，香港政府的財政管理思想和貨幣制度均受制於核心資本主義國家。當時，港英財政官員提出在香港實行審慎理財和「積極不干預」政策。自此，它們成為自由主義的經濟政策和經濟意識形態，回歸後作為優勢部分得以延續，至今為止難以撼動；而香港外向型經濟則決定了匯率波動必須適應世界市場，所以採用貨幣發行局制度，貨幣先是與英鎊、後與美元掛鈎，並一直維持至今。所以，香港的貨幣政策並未享有自主權，而是由美國聯邦儲備局主宰。

香港作為資本主義附屬的殖民城市之時，港英政府十分嚴格地把自由控制在經濟層面，而絕不放手社會和政治方面的自由。1997年回歸以前，港英政府籍着「借來的空間和借來的時

間」，所以很少放眼於香港本土經濟的長遠發展，以及香港全民利益和政治自由。而英美核心國的政府則在本國不斷強勢介入經濟長遠發展和空間佈局，推進公民意識，調節資本與勞動關係，其政策體系和管理制度追隨形勢變化不斷調整和修正。就這方面的體制而言，「1997年前香港已落後於英國本土，反映着殖民地的落後性。」[7]「房屋不足，惡劣的工作環境，和一個不願意接受促進社會發展，以配合城市經濟進程為其責任的政府」[8]，就是這種落後性的具體表現。1997年回歸以後，當中國政府承諾在香港維持資本主義一制50年不變時，香港體制落後於資本主義核心地區的狀況已經變成事實。

香港資本主義的附屬性不僅體現在經濟方面，更延伸至社會層面。從司法體系看，香港的司法制度十分依賴英國。回歸後，

---

7. 陳文鴻（2016）。《我思》。香港：香港理工大學中國商業中心。252頁。
8. 顧汝德（2011）。《官商同謀——香港公義私利的矛盾》。香港：天窗出版社。14頁。

回歸後，雖然香港司法獨立，但是整個司法體系仍舊採用英國的普通法，判案觀點與價值判斷深受英國影響。

雖然香港司法獨立，但是整個司法體系仍舊採用英國的普通法，其判案參照的案例也主要來自英國，判案觀點與價值判斷深受英國影響；香港的教育體系、媒體輿論，以及知識份子群體，基本由歐美核心國家的價值取向和判斷所掌控，缺乏自己獨立的教育理念、民主意識和專業性的獨立思考。凡此種種，均反映出回歸前香港資本主義的附屬性，作為回歸後的一制得以持續，至今為止並沒有得到香港本地和中國內地的充分認識。

市場環境的獨特性——
跨國網絡與華人的角色

香港在1842年通過英國強制性的不平等條約，正式成為英國的遠東條約港。通過實施自由港、自由放任的資本主義政策，英國資本逐步在此地建構從海外進入中國的跨國貿易商業網絡。隨着各類資本不斷流入香港，其跨國貿易網絡在內容、規模，以至涉及不同國家資本的範圍上，亦可以持續地擴張延伸。因此，香港作為自由港起步之初，其貿易和商業網絡具有跨國性質。直至1997年回歸之後，雖然英資不再壟斷市場，而本地華資亦持續填補空白，其他資本仍然繼續流入香港，尤其是態度頗為進取的中資，但是香港的基本市場結構一直是由跨國資本與跨國商業網絡構成的。

與新加坡的英國條約港歷史起步不同，華人是新加坡移民的一部分，而香港作為中國領土的一部分，大部分華人基本上就是香港本土居民。在新加坡的跨國貿易網絡中，華人僅是其構成的一個部分；反之，華人一直是跨國資本在香港建立的商業貿易網絡中，不可或缺的部分。華人資本在這個網絡崛起，直至佔據着十分重要的作用。無論是殖民帝國的起步期，是自由港的延續期，是戰後加工製造業的興起期，還是「前店後廠」的轉型期，甚至是回歸後中資資本的進入，香港的跨國商業網絡一直都依賴華人和華資的支持，並在後期擔當着愈來愈重要的角色，顯示了香港市場結構之特點。華人和華資遊走在中國與西方不同的貿易和經濟網絡之間，形成了香港中西商業文明融合的跨國網絡。

從歷史看，英國殖民帝國在香港建構跨國貿易網絡，並非由英資或外資獨立完成，華人在其中亦起着十分重要的作用。一方面，這與中國的經濟體制有關。清末時期，中國對外貿易體制實施由中央政府特許的買辦壟斷式經濟交流，而海關與財政制度亦同樣十分繁複。外商要進入中國市場，即使擁有特權、受條約約束，例如公司位於香港殖民條約港或開放的通商口岸之租界，甚至是為西方公司在地建立的貿易基礎設施提供海洋運

輸與資金等，也必須通過買辦這種中間商與中國進行貿易交流。這使華人成為跨國貿易網絡中不可或缺的主要部分。內地貿易與海關的特殊體制，以及內地行會和商會的廣泛存在，均控制着內地不同的經銷網絡，令商務邏輯既重關係又不具透明性，造成香港外國資本建構商業網絡獨特的市場環境，即外商進入內地進行貿易，必須通過華人中間商（即買辦）。也就是說，外國資本的商業不能直接滲透中國，而必須經華人直接參與英資跨國貿易網絡的形成。

另一方面，英國商人，包括麼地（Hormusjee Naorojee Mody）、律敦治（Jehangir Hormusjee Ruttonjee）和嘉道理（Elly Kadoorie）等利用英國東印度公司勢力而從印度來的商人，在香港往往嘗試與中國人保持距離，喜歡通過中間人進行經商。所以，英資公司十分依賴華人的合作夥伴，因為他們不但懂得中英雙語，了解中西文化，更掌握西方的管理和專業知識，成為香港商業和專業發展的主要支柱。這種市場環境與同樣是英國殖民體系條約港的新加坡大相徑庭。

香港特殊的市場環境，很早就培養了一批掌握國際貿易規則、精通中西文化的華人中間商，並且通過與跨國公司的人脈與資本積累，擺脫買辦身份，成為獨立經營的華商。其中的典型例子便是何東家族。華資的出現與持續擴大，並逐步在商業上成為英資的潛在競爭對手這個事實，我們可以引用當時英國商人的一句話：「我們在中國最糟糕的敵人既不是官員，也不是被稱為文人的含糊的群體。他們是我們自己的買辦和前買辦。」1843年，香港的貿易商中共有12家大型英資公司和10名獨立的英國商人，另有6家大型印度公司，當中並無華人。到了1850年，香港的財產所有者享有在商業執行委員會投票的權利。該委員會由69名英國人、42名中國人和30名其他國籍的代表組成。[9]這個事實反映出華商資本正迅速崛起。

此外，香港是中國領土、以華人居民為主要群體的事實，使香港本地華資與東南亞或其他地區海外華商的網絡相結合。香港

---

9. 吉普魯（Gipouloux, F.），龔華燕、龍雪飛（譯）（2014）。《亞洲的地中海：13-21世紀中國、日本、東南亞商埠與貿易圈》。廣州：新世紀出版社。157、177頁。

成為海外華商群體這個「沒有帝國的商人」[10]的資金、企業聚集地,以及投資內地的中轉地。內地實施改革開放後,香港的海外華商資金投資內地的中轉功能被持續放大。

1945-1950年期間,中國內戰引發大批難民進入香港,同時還有大批內地企業家和專業人士抵港。一方面為香港工業化提供了資本、專才和知識;同時也積聚了大量的勞動力。香港走向出口導向的工業化,華資便成為製造業主力,與英資等外商在歐美市場的貿易和金融網絡互相結合。華資主導的製造業與外商控制的貿易金融業,形成了香港當時加工貿易的國際性網絡。香港製造業以本地華資為主導的特點與新加坡依靠外資發展製造業,政府形成鼓勵政策為外資設廠提供誘因。兩地的發展路徑有着明顯的區別。

---

10. 根據香港大學原校長王賡武教授對東南亞華商的描繪。

1980年代內地開放市場，其天然的地理和民族聯繫更成為香港華資大展拳腳的歷史性機遇。那就是香港華資製造業能迅速轉移至珠三角地區，形成「前店後廠」的產業空間分工格局；同時，生產性服務業亦能夠飛速發展。1997年回歸之後，香港服務業通過CEPA機制，利用一脈相承的中華文化便利（服務業的進入涉及制度與文化），克服各種障礙，進入內地的服務業市場。這與新加坡企業進入中國市場完全不同，雖然新加坡華人佔70%的人口比例，但是新加坡卻不具備中西商業融合的跨國網絡。因此，新加坡政府和國營企業要透過在中國建立工業區、科學園和知識城的投資方式，帶動新加坡企業進入中國。

華人文化和商業文明滲透香港跨國商業網絡，實有利跨國公司進入內地市場。迄今為止，遊走在中西方之間的香港本地商人對西方市場了解日深，可以直接與海外商人打交道。香港商人已經不再需要國外的中間人來維繫他們與世界市場的聯繫，但

是香港的外籍商人仍然需要中間人與內地聯繫。香港中西融合的跨國網絡是西方進入中國、中國走向西方的成功平台。回歸之後，中資公司大規模進入香港經營，希望通過香港認識和掌握國際市場的規則與經營方式。西方企業通過香港網絡進入中國，故香港的跨國商業網絡便成為中、外企業交流與互動的重要平台。這個事實說明，單一的西方網絡，在完全沒有華人參與的情況下，是無法在香港和中國成功經營的。

香港目前成為內地國際金融中心與資本運營中心這一事實，也證明了香港中西融合的跨國商業網絡的重要作用。近年來，中國崛起，從資本流入開始走向資本輸出。作為FDI流入與流出的大國，中國在2015年已經佔據世界第三的位置。[11] 從具體的資本路徑看，外資經香港流出和流入佔絕大的比重。而這就是香港經濟的另一獨特性。

---

11. 參見聯合國貿易和發展會議《世界投資報告2016》。

治理的獨特性——
親商、親資本的政商關係

香港能夠順利落實自由市場經濟政策，與港英政府在殖民時期一直把香港定位為經濟城市相關。回歸後，特區政府也仍然堅持這個定位。當時的港英政府決定把香港定位為經濟城市，是因為意識到香港本土資源缺乏，內部市場有限，其經濟發展必須避開政治因素的干擾，對外部環境採取開放態度，以圖從全球經濟體系中獲取生存機會。為維持帝國利益，殖民帝國的統治者深諳經濟城市可以享有最大限度的經濟自由，但決不能放任政治自由，以免衝擊帝國和資本利益的箇中道理。所以，他們在政治上為香港建立遠離政黨、民主等可挑戰政權的「政治城市」形象，從經濟方面則大力推銷香港在國際上的「經濟城市」地位，形成對國際資本有安定感的商務環境。經濟城市的定位，明顯傾向於穩定資本主義積累體制，以維護香港在殖民統治時代對英國宗主國的利益輸送。

要締造香港經濟城市的定位，必然需要親商、親資本的環境。透過維護自由市場規則，港英政府除了實施自由港和簡單低稅的政策外，還大力投資擴展香港本土的基礎設施建設，扶植與建立各類的教育機構，以提供和創造資本運營所需的軟、硬基本設施；同時還制定各種保護資本和限制勞工成本的措施，如不徵收資本稅、長期不制定法定最低工資保障和全民退保等。1997年香港回歸之後，雖然特區政府最終在2000年推出法定最低工資保障制度，但卻沒有改變政府施政的親商傾向。

營造親商環境，吸引大量國際資本流入，是經濟城市的主要職責與功能。因此，香港從成為英國的條約港開始，政府就致力吸納商界和專業精英，合力製造有利於商業發展的環境，減少公眾干預社會及經濟事務，以維護自由市場經濟。這種政商合作的聯盟，構成香港城市治理的主要框架，並一直延續至今天。在政府重大經濟決策中，商界精英享有主導權已經是眾所周知的事實。[12]

對於誰在統治香港這個經濟城市的命題上，殖民時代的一句話「香港是香港賽馬會、怡和央行、滙豐銀行與香港總督共

---

12. 顧汝德（2011）。《官商同謀──香港公義私利的矛盾》。香港：天窗出版社。

有」，就揭示了港英政府與以貿易、商務、金融等為核心的英資財團，結成治理聯盟的事實。因此，一些學者認為「香港版的自由放任只是一個政治修辭，用以正當化英系政商聯盟的龐大殖民利益。換言之，香港都市治理模式中偏袒資本利益的策略選擇機制在殖民時期早已生根」[13]。香港的政商合作治理，本質上與1970年代興起的新自由主義目標，即「重建資本積累的條件並恢復經濟精英的權力。」[14] 十分吻合。

戰後，香港進入由華資企業主導的工業化階段。港英政府在維護英資利益的同時，對華資採取收編策略，通過建設公共房屋和新市鎮等「積極不干預」政策，為工業資本的發展提供低生

---

13. 藍逸之（2014）。《新自由主義下的香港治理——空間、尺度與策略》。台灣：台灣政治大學出版社。78頁。

14. 哈維（Harvey, D.），王欽（譯）（2016）。《新自由主義簡史》。上海：上海譯文出版社。20頁。

活成本的勞動力，力圖創建親工業資本的營商環境，使大量內地難民可以進入製造業，以穩定經濟城市的地位。隨着華資企業不斷崛起，英資財團因1997年逼近而逐步退出香港市場，英資和華資共同與港英政府組成華洋共治的政商聯盟，繼續維持經濟城市的親商、親資本環境。1980年代中國改革開放，為資本積累提供巨大的市場，令大量資本通過香港進入內地；而香港具有的國際商務及金融管理知識，國際化的網絡與自由貿易制度，以及親資本的營商環境，則成功令她擔當着跨國資本轉進內地的中間人角色。

1997香港回歸之後，香港的經濟城市不再以英資財團為利益核心，而是連接中國內地與全球市場的資本運營中心。親商、親資本的營商環境廣泛地適用於全球的資本流動。但是，特區政府與商界之間的關係，仍然維持着由商界精英決定香港經濟重大政策的特點。回歸後，中央政府也致力維持以香港商界精英為主導的政治生態，以保持其經濟城市的地位，成為中央政府治埋香港的主要特點。目前，香港五大商會（即香港總商會、香港中華總商會、香港工業總會、香港中華廠商聯合會、香港

工商專業聯會）代表的香港商界在香港經濟中佔有十分重要的地位。尤其是在特區政府與中央政府商榷推進香港經濟發展的政策之時，商界精英對特區政府掌有主導的話語權。例如，2001年中國加入WTO後，香港特區政府與中央政府經過商議而簽訂的CEPA協議，就是由當時香港總商會（早前為西商會）率先提出，並由特區政府推動的。每一次CEPA補充協議的談判之前，特區政府都要提前徵詢香港五大商會之意見，由他們起草要價清單，經香港工業貿易署統籌後再跟國家商務部協商。2003年，香港受非典型肺炎（SARS）肆虐而幾乎變成空城，也是由香港商界推動特區政府，向中央政府提出開放內地居民赴港的自由行政策，以振興香港經濟。2011年，中國的「十二五」規劃中，對港澳地區作出專章論述，更是香港商界精英多次上京遊說中央政府的結果。

香港能夠維持親資本和親商的「經濟城市」地位，使香港在全球的營商環境中佔優。2000年以後，世界銀行每年公佈的世界營商環境排名中，香港一直位居全球前十名之列。2016年的最新排名中，香港躍升至全球前四位，充分體現了香港營商環境在全球的競爭力。更甚的是，在新自由主義主導的親商環境等同於經濟體競爭力的趨向下，香港在各種世界經濟機構的競爭力評估中，一直居於全球前列，實不難理解箇中原因。

區位的獨特性——
中國因素之中、體制以外的特殊城市

香港大學教授王于漸曾經說過，在戈壁沙漠一樣的不毛之地，即使奉行自由市場政策整整一個世紀，亦難望有任何生機可言。[15] 套用此邏輯，我們也可以說一個位於沿海地帶、具深水良港地理優勢的地區，即使同樣實行自由開放的市場政策，但如果無法與周邊地區進入資本積累空間擴張的地理視野[16]，這種地區也無法吸引資本聚集，通過納入現代世界體系而得以快速發展。

例如，位於印度洋中心的斯里蘭卡（原為錫蘭）早在西方的大航海時代，其港口就被葡萄牙、西班牙、荷蘭等佔領，更於19世紀初成為英國殖民地，作為英國殖民貿易網絡中的印度洋貿易站，實施自由開放的經濟政策。1960年代新加坡獨立之時，當時名為錫蘭的斯里蘭卡曾經是新加坡學習的模範。但是，斯

---

15. 王于漸（2016）。《面對不均 再創奇跡》。香港：中華書局。43頁。

16. 關於世界資本積累的地理時空擴張可參見哈維（David Harvey）與華勒斯坦（Immanuel Wallerstein）的觀點。

里蘭卡其後的發展卻遠不及新加坡。當中的主要原因不僅在於斯里蘭卡內戰連連、政局長期不穩，更因過去三十多年來地處印度洋的南亞地區，並沒有成為資本主義核心國家資本積累轉移的主要地理空間，為斯里蘭卡提供快速增長的機遇，導致她長期處於經濟增長的邊緣地帶。新加坡與斯里蘭卡的相反例子，在某種程度上可能印證了哈維與華勒斯坦的資本積累地理時空觀點。

由此可見，自由市場政策並非地區發展的唯一靈丹妙藥。一個地區的經濟發展極大程度上取決於其區位的特殊性。這種特殊區位本身就具有重大戰略性意義。要決定區位的戰略意義，不僅在於自身的地理位置是否處於主要經濟體的連接處，或具有發展交通運輸樞紐的條件，更關鍵性的因素在於整體地區（即自身和周邊地區）是否為全球資本積累密集轉移的主要地理擴張空間，或是位於當時全球經濟增長的主要核心地帶。

雖然香港位於中國與外部周邊國家連接的海洋地帶，並具深水良港的發展條件，但這個邊緣小島卻沒有任何發展經濟的資源——基礎設施、人力資源，而是要依靠投入大量資本來創造。這種條件決定了香港要從外部獲取經濟增長的主要動力。

由此，香港的命運取決於與內地的聯繫，以及在內地的地位，其發展自始至終受制於內地的政治經濟變動。內地是決定香港發展最為重要的地緣政治經濟因素。

香港在歷史上就是中國的一部分，是珠三角地區的出海口。以其港口與內地沿海邊緣的地利優勢，香港很早就成為中國南方對外聯繫的門戶，構成中國與亞洲地區，尤其是東南亞國家貿易活動的地點。鴉片戰爭之前，香港就已經以其深水良港，成為當時海外船隻中轉貿易的活動地。[17] 當1842年英國正式簽定不平等條約，確立香港的條約港地位之時，英國通過東印度公司、英國和印度商人，迅速形成對中國貿易的香港網絡，其後更發展出對中貿易的港口優勢。

---

17. 吉普魯（Gipouloux, F.），龔華燕、龍雪飛（譯）（2014）。《亞洲的地中海：13-21世紀中國、日本、東南亞商埠與貿易圈》。廣州：新世紀出版社。211頁。

香港位於中國與外部周邊國家連結的海洋地帶，所以無論是鴉片戰爭之前，還是回歸後，都以其深水良港的發展條件，成為海外船隻中轉貿易的活動地。

1843年，英國殖民條約強制開放上海等港口，由此開始了中國通商口岸城市貿易網絡之間的競爭，從而直接影響香港的經濟發展，以及在遠東地區的地位。由於上海佔據內地中心市場的地位，其貿易利益不僅深入內地，聯繫着福建與台灣至東南亞地區的貿易站，更擴展至黃海、東海的日本、韓國與俄羅斯等地，成為英國和其他殖民帝國與上述地區的中轉貿易站。上海貿易網絡超越香港這個英國殖民地的邊陲地帶，引發廣州貿易網絡和香港貿易網絡中的商人持續東移上海，更擴充了上海貿易網絡。1949年以前，上海作為各類國際資本密集進入的中國對外貿易網絡樞紐、工商業中心和金融中心的城市地位，遠遠超越了香港，成為亞洲的紐約和東方之珠。香港則以自由港的運作，成為中國轉口的主要港口和中轉貿易樞紐，而其轉口貿易功能一直維繫到1950年代。

1950年代以後，香港經濟的幾次轉型與經濟功能變化，無不是中國的地緣政治和經濟變化的產物。1949年中國轉向社會主義制度，以及1950年代因韓國戰爭令西方國家對中國實施禁運，均中斷了香港與內地的經濟聯繫。這既是香港經濟所面對的第一次重大挑戰，也是香港經濟功能第一次轉型的主要原因。當時香港利用東亞地區成為資本主義核心國家資本轉移、國際製造業遷移的主要地區。因此，香港成功從轉口貿易轉型為外向性加工貿易製造中心，並發展出製造與在地貿易並重，而非原有轉口貿易的兩大經濟功能。

1970年代以後，香港面臨製造業成本不斷上升，國際競爭的巨大壓力，成為香港經濟的第二次發展危機。此時恰好是內地市場化改革的起步階段，故香港得以向珠三角地區轉移加工製造業，以大幅降低製造成本，維持世界市場的競爭力，並籍此與珠三角地區形成「前店後廠」的空間分工格局。1990年代，香

港以「前店」形態大量聚集生產性服務業，成為離岸的製造業指揮、營運、銷售和物流航運中心，令香港經濟功能進一步轉型為生產性服務中心。香港與珠三角地區的空間聯繫，不僅標誌着香港與內地的經濟聯繫重新對接，更是香港作為珠三角地區的首要城市在地理上對珠三角地區的回歸。

1997年香港回歸之後，隨着中國加入WTO，更深入地融合在全球經濟體系之中，香港與內地經濟一體化的進程亦隨之加快。中國經濟崛起不僅增加了國際資本的進入，還令中國資本開始走向世界配置。香港由此轉型為資本進出中國的資金配置中心，香港的經濟功能進一步轉型為中國的國際金融中心，並提升至全球城市的地位。在這個意義上，我們可以說是內地經濟崛起不斷推進了香港經濟功能的轉型，同樣也是其經濟實力將香港帶入世界經濟增長的核心地區。

由此可見，香港與內地的經濟發展都有着緊密關係，尤其是與內地重新聯繫的「前店後廠」經營模式起，香港的地位就從製造業中心轉型為生產性服務中心，再升級至國際金融中心的全球城市。香港在內地經濟中的獨特地位，既是其經濟發展的動力，也是其經濟優勢形成的基礎。

第四章
香港經濟優勢與潛在劣勢
的現狀和走勢分析

歷史已經昭示，香港優勢的出現、演化和發展是時間的變數。故此，我們將在這一章就目前全球經濟形勢下，香港優勢的現狀和發展走勢作出評估，並關注其經濟獨特性背後，與優勢同在的潛在不利因素，或稱潛在劣勢的發展趨勢，相信對香港經濟的未來發展具有十分重要的意義。

國際機構對香港經濟優勢的最新評估

上個世紀80-90年代，全球資本主義體系在新自由主義浪潮主導下，出現了大量組織，首先是各種民間的基金會、協會和智庫，隨後是各類世界組織，例如聯合國、世界銀行等。他們制定了不同的經濟標準，或選取不同的經濟指標，以測量世界經濟體的競爭力，並定期發佈全球的經濟競爭力、各種經濟指標

或經濟功能的排名。這種排名不但對描繪一個國家或經濟體的競爭力內容和全球影響力具有一定的宣導作用，還影響各個經濟體政府所制定的經濟政策。

從參與各類評估開始，香港至今為止在各類經濟評估中，幾乎均排在全球前列，有的指標更長期佔據全球第一。為了更明確地釐清香港的全球競爭力現狀，我們把全部評估主要分為三類，並選取主要的評估報告進行論述。

經濟競爭力評估

全球有多個機構進行有關經濟競爭力的評估，但最有影響力且能夠每年定期發佈調查報告的，主要是兩個機構：瑞士洛桑國際管理發展學院（International Institute for Management Development，簡稱IMD）和世界經濟論壇（World Economic Forum，簡稱WEF）。其他世界知名機構，如卡托研究所（Cato Institute）等並非每年定期發表報告，所以不予列入。

從1990年開始，IMD每年都會分析全球主要國家和地區的競爭力，以及該國家和地區內的企業競爭力，並為其排名。IMD分析的樣本包括61個國家和地區，評估標準有四大因素：經濟表現、政府效率、商業效率和基礎設施。經濟表現又細分為國內經濟規模、經濟增長、財富水平、經濟預測、國際貿易、國際投資、就業，以及物價。

在今年發佈的《全球競爭力排名2016年》中,香港從去年排行第二躍升至第一位,這是香港繼2010年以後,第二次榮登全球第一的寶座(前次為2011年)。從IMD全球排名的前20位看,專注於創造有利商業發展的規則和基礎設施是評估的重點。而香港的排名得以上升的關鍵在於她能夠不斷致力創造有利的商業環境。其中包括香港作為全球領先的銀行和金融中心、通過實施簡單易行和較低的稅收,以及不限制資本自由流動等措施鼓勵創新。事實上,香港自參與IMD的全球競爭力評估以來,一直排名在前列位置,維持在全球前十位。這與IMD主要以商業環境作為評估競爭力的決定性因素相關。

與IMD不同的是,世界經濟論壇在其後發表的《全球競爭力報告2016-2017》,把香港從去年排名世界第七,下降至今年的第九位。1979年,世界經濟論壇首次發佈《全球競爭力報告》,隨後主持編寫了各年度的評估報告。其評估主要是按照12個經濟支柱來為經濟體排名:健全的公私機構、基礎設施、宏觀經濟環境、健康和基礎教育、高等教育和培訓、商品市場

香港作為全球領先的銀行和金融中心、通過實施簡單易行和較低的稅收，以及不限制資本自由流動等措施鼓勵創新。

效率、勞動力市場效率、金融市場發展、科技便捷程度、市場規模、商業環境、創新。每個標準的得分介乎0-7分之間,最後綜合各項得分以計算最終競爭力。按照每個國家發展階段,這12個標準又被劃分為三大類,分別是基本要求、效率性,以及創新和成熟度。

今年有138個經濟體參與世界經濟論壇的評估。香港是第五次進入全球競爭力的前十名,總得分為5.48。其中的基礎設施排在全球第1、勞動力市場效率第3、金融市場發展第4。而最弱的是市場規模和創新,分別排在第33和27位。報告指出,創新應當是香港經濟發展最為關注的問題。

由此可見,瑞士洛桑國際管理發展學院與世界經濟論壇的評估偏重點不同,前者把商業環境等同於競爭力,而後者更強調長期的經濟發展,並且把競爭力因素作為一種組合因素看待,同時更重視教育與科技,尤其是創新。但是,從兩份報告的影響力看,參與世界經濟論壇評估的經濟體更多,所以其指標亦更為全面。同時,由全球1,000家最大的跨國公司組成的世界經濟論壇基金會,也會跟隨國際經濟形勢的變化每年展開定期的論壇活動,所以更具全球性和權威性。

經濟指標或經濟功能評估

目前，全球有不少機構每年發佈大量評估報告，以評定一個經濟體的某項經濟指標或經濟功能。我們在其中主要選取了一些具代表性的經濟指標和經濟功能，作為香港在全球競爭力不同層面表現之參考。經濟指標或經濟功能評估往往圍繞經濟體的某個經濟領域或功能展開，而且也有不同的評估標準和資料。因此，我們把它分為兩個部分：一是經濟指標，二是經濟功能。

首先，我們選取的經濟指標主要集中於香港經濟體的市場運作、營商環境、基礎設施等主要領域。以下這三部分是評定香港競爭力表現的主要指標：

1. 經濟自由度指數（Index of Economic Freedom）：這個指數從1995年起開始進行評估，而美國傳統基金會可能就是最早作出專項經濟指標評估的機構。雖然經濟自由度是單一的經濟指標，但是其內容更傾向對一個經濟體的主要經濟體系和經濟政策，進行競爭力評估。根據主辦方的觀點，最自由的經濟體則競爭力愈強。

美國傳統基金會是美國新自由主義和新右派的主要政策研究機構，代表美國西南部財團和保守勢力的利益，主要由美國的大型企業、家族基金會和個人捐助。作為雷根政府時期和共和黨的智庫，基金會一直主張「小政府」原則，限制政府開支和規模，因此特別頌揚香港式的「積極不干預」經濟政策。其主要工作之一就是每年公佈世界各主要經濟體系的經濟自由度指數。該基金會就十項因素評估全球197個經濟體系的經濟自由度，包括營商自由、貿易自由、財政自由、政府開支、貨幣自由、投資自由、金融自由、產權保障、廉潔程度和勞工自由。從1995年美國傳統基金會編制《經濟自由度》報告起，香港已連續22年佔據全球第一的位置，成為全球最自由的經濟體，而多年來也沒有其他經濟體可以撼動其地位。但是，經濟自由度指數是否與經濟體的競爭力相關，多年來一直備受質疑。

118　回歸之路──香港經濟發展優勢重審

2. 營商環境便利指數或效率（Ease of Doing Business Index）：自2000年起，由世界銀行主持並每年發佈報告。這個報告主要通過與大量商業和企業經營的從業人員進行問卷調查所得出的統計結果，以揭示經濟體吸引資本流動的外部環境競爭力。目前全球有189個經濟體參與這項調查。

世界銀行搜集與統計涉及十個領域的資料，分別是開辦企業、辦理施工許可、獲得電力、登記產權、獲得信貸、保護少數投資者、納稅、跨境貿易、執行合同和辦理破產。其中涵蓋了經濟體的法律執行狀況，應該是覆蓋營商過程中的全部環節。根據世界銀行最新公佈的《2017年營商環境報告》的營商效率全球排名中，紐西蘭名列榜首，其次為新加坡和丹麥，而香港則排名第四。自世界銀行開始每年發佈報告以來，香港就一直維持排名全球前十，有時更名列前三位。

具體地看，香港有五項資料一直名列前十地位，分別是辦理施工許可、保護投資者、納稅、跨境貿易、執行合同。至於開辦企業、獲得電力和信貸、辦理破產，雖然排名未有晉身前十的位置，但仍然有不俗的表現。排於最後的則是產權登記，位列全球189個經濟體中的中間位置。

3. 互聯互通指數（Connectedness Index）：麥肯錫全球研究所（McKinsey Global Institute）自1995年開始，對全球131個經濟體的經濟活動進行數值測算，包括跨境的商品、服務、金融、人力和資料流動程度，然後計算出該數值在GDP中所佔比重，以反映跨境的經濟流強度，稱之為互聯互通指數。實際上，互聯互通指數會從三個方面反映經濟體的發展狀況：一是經濟體的基礎設施，這是跨境流動的物質基礎，例如國際航運港、鐵路與公路以及現代通訊體系；二是經濟體對外跨境的流動數量，包括貨物、金融、人員等；三是跨境流動的制度便利性，即海關和口岸管理。

根據麥肯錫全球研究所的計算，各種形式的全球流動不僅每年為全球GDP增長貢獻15–25%，同時也加速了經濟體參與全球流動的增長。全球流動為互聯互通性最高的經濟體GDP增長貢獻率高達40%[1]，由此構成一個經濟體的競爭力因素。2014年麥肯錫發佈的最新一期互聯互通指數中，香港僅次於德國（110%）排名全球第二，其數值在100%以上。麥肯錫全球研究所認為全球僅有六個城市可稱為互聯互通的主要樞紐，依次分別是紐約、倫敦、香港、東京、新加坡和杜拜。

1. 道博斯（Dobbs, R.）、曼宜伽（Manyika, J.）、渥策爾（Woetzel, J.）、譚浩（譯）（2016）。《麥肯錫説，未來20年大機遇》。廣州：廣東人民出版社。79頁。

其次，在經濟功能評估方面，我們主要圍繞香港經濟功能作為
觀察的部分，包括金融中心、資本運作中心和航運中心。

1.　全球金融中心指數（Global Financial Centres Index，
　　簡稱GFCI）：這是全球最具權威性的國際金融中心
　　排名，2007年由倫敦金融城委託英國智庫機構Z/Yen
　　Group進行。通過向全球金融從業人員展開調查，並將結
　　果於每年3月和9月定期更新公佈，以顯示金融中心競爭
　　力的變化。GFCI着重關注各金融中心的市場靈活度、適
　　應性，以及發展潛力等方面，將構成金融中心競爭力的
　　諸多因素劃分為五個核心指標：人才指標，包括人才的
　　匹配、勞動力市場的靈活度、商業教育、人力資本的發
　　展等；商業環境指標，是指市場監管水準、稅率、貪腐
　　程度、經濟自由度、商業交易的便利程度等；市場發展
　　程度指標，包括證券化水平、可交易股票和債券的交易
　　量與市場價值、眾多金融服務相關企業聚集於某一金融
　　中心產生的聚集效應等；基礎設施指標，是指建築和辦
　　公地的成本與實用性；總體競爭力指標，基於「總體大
　　於部分之和」的理念而創造的城市總體競爭力水平，以
　　及城市宜居程度等指標。

香港在2013年首次超越東京，排名全球第三，與第一、
二名的紐約、倫敦並稱為「紐倫港」。這種狀況一直維
持到2015年。最新公佈的2016年全球金融中心指數顯
示，在全球87個金融中心的排名中，香港僅以二分之差

首次落後於新加坡，排行全球第四。「紐倫港」是否真正隕落不得而知，因為香港在過去幾年的得分實際與新加坡相差不大，2015年僅以五分優勢超越新加坡。而據香港學者的分析，本次落後的原因是香港缺乏金融創新和債券市場的拓展。[2]

2. 世界投資流動排名：由聯合國貿易和發展會議（UNCTAD）每年發佈的《世界投資報告》，不僅歸納和指明各個年度的全球外商直接投資（FDI）動向，也列出全球每個年度的最大投資流出地和流入地。投資流動的最大地區，代表着全球資本聚集的中心。香港是從2003年進入全球投資流動的前十名開始，逐漸成為全球最大的直接投資中心之一。在《2004年世界投資報告》中，香港首次進入世界第十位，2013年則躍升至全球第五位。隨後的《2015年世界投資報告》中，香港2014年的直接投資流入量和流出量均上升至全球第二位，其中資本流入量僅次於中國，排在美國之前；而資本流出量則僅次於美國，位列中國之前。最新發佈的《2016年世界投資報

2. 見搜狐財經，《香港跌出全球金融中心排名前三位 北上深排名上漲》，2016年4月18日，媒體關於香港學者對此問題的觀點。

告》中，香港2015年的資本流入量保持在全球第二位，緊隨美國之後，而資本流出量則下降至全球第九。但是，以流出和流入的總量看，香港仍然位居全球第三。

香港僅以一個城市的地域，躋身於全球最大的資本流動大國，如美國、日本，以及崛起的資本大國中國之間，有些年度更超越資本大國。其人均資本流量更足以傲視全球，充分顯示出香港作為資本流動中心的地位和作用。

3. 貿易物流效率指數（Logistics Performance Index，簡稱LPI）：通過對全球160個經濟體的港口、物流運輸業和運輸公司進行資料收集和分析，世界銀行於2007年發佈《全球經濟中的貿易物流——物流效率指數和指標》第一版。隨後，世界銀行每隔二年會公佈新版，而2016年的報告則為第五版。

世界銀行把LPI視為觀察各個經濟體物流供應鏈水平的主要依據。LPI的計量指標分為六個：海關、基礎設施、物流服務品質、國際船運安排、貨物追蹤管理、貨運的及時性。前三個指標代表經濟體對貿易物流供應鏈的投入，後

三個指標則是經濟體物流供應鏈的經濟收益，而投入與收益之比的數值就是物流效率。整體指標顯示出一個經濟體物流供應鏈的競爭力。

在世界銀行至今公佈的五個版本報告中，香港的總排名為全球第八；而在2016年的LPI得分則落後一位排名第九。以全球第一的德國LPI得分100為基數，香港得分為95.1分。具體地看，香港在國際海運和船運安排上得分最高，為全球第二；海關、基礎設施、及時性的排名均在全球前十位之內；物流服務品質為全球第十一，貨物追蹤管理則為全球十四。整體指標均位列世界前茅。

世界銀行的報告指出，全球排名前二十五的經濟體，均為世界各個區域中的物流供應鏈樞紐，而位列前十的經濟體，其物流供應鏈更達到全球頂尖水平。由此可見，雖然香港在國際貿易物流的總量，尤其是國際航運的數量增長勢頭受挫，但是在效率指標或軟實力方面，其全球頂尖的航運物流中心地位均受到全球認可。

世界或全球城市評估

香港本質上是一個城市，而非一個國家的經濟體。進入21世紀之後，全球經濟的主要節點和發展重心，已經向城市和城市群轉移。未來經濟的中心不再是國家，而是城市。因此，城市研究成為世界各種機構觀察世界經濟走向的焦點。而這些機構主要集中研究世界或全球有影響力的城市，並將她們稱為世界城市或全球城市。

按照城市研究學者的觀點，城市是分層次和級別的。只有對全球戰略性資源、產業和通道的佔有、使用、收益和再分配等，具有把控權和主動權，這些城市才能夠發揮決定性作用，並稱之為世界城市或全球城市。從本質上講，這些城市不但是全球戰略性資源、產業和通道的控制中心，還是世界文明融合與交流的多元文化中心，更是城市硬實力與軟實力的統一體系。

在所有世界和全球城市的評估中，香港幾乎都佔有一席之地，反映出香港作為一個城市，已經躋身世界頂級層次。我們把世界或全球城市的各類評估具體地分為兩部分：一是對城市經濟功能的評估；二是對城市增長和發展前景的評估。

在城市經濟功能的評估方面，首先可以提出的是英國《經濟學人》（*The Economist*）的《全球城市競爭力報告》。此報告把全球城市的考察內容分為31個指標，包括經濟競爭力、人力資源、金融產業成熟度、機構效率、硬體建設、國際吸引力、

社會與文化特質、環境與自然危害等。在其發佈的《2012年全球城市競爭力報告》中，紐約、倫敦、新加坡、香港和巴黎均被列入全球城市。

位於英國的全球化及世界城市研究網絡（GaWC）則側重考察城市高端服務業聚集的現象。高端生產者服務業主要分為四大類：金融、廣告諮詢、法律、會計。通過計算四個服務業的聚集度，GaWC將世界121個城市分成五個等級十二個層別。2012年發佈的報告中，世界頂級A層的三大城市為紐約、倫敦和東京；而頂級B層的城市則依次為香港、上海、洛杉磯、巴黎、芝加哥、北京、新加坡。香港的整體排名為全球第四，同時被評為金融中心型全球城市。

2010年起，美國諮詢公司科爾尼（A.T. Kearney）、芝加哥全球事務委員會（Chicago Council on Global Affairs），以及美國《外交政策》（Foreign Policy）雜誌，共同推出《全球城市指數》報告，並對全球84個具一定規模的大城市進行排名。衡量標準包括商業活動（30%）、居民受教育程度（30%）、全球資訊交流程度（15%）、文化氛圍（15%）和公民政治活動參與度（10%）等綜合實力。2014年的第四屆《全球城市指

數》報告中，紐約位居第一，香港排名第五，北京位列第八。2016年，美國科爾尼公司更公佈了全球最具影響力城市的排行榜，共有125個大城市參與此次評選。倫敦佔據榜首，紐約位居第二，其次是巴黎和東京，而香港則再次排名第五位。根據主辦機構的觀點，在香港之前的四大城市均為世界級大都市，而香港只是緊隨其後的全球城市。

2014年，美國財經雜誌《福布斯》（*Forbes*）委託數位城市地理專家、人口專家和諮詢公司分析師，根據各城市的外商直接投資（FDI）、總部共聚變數（HQ）、佔有主導地位的特定業務的數量、航空交通方便程度、製造業的發展狀況、金融服務程度、技術與媒體實力和種族多樣性等八個指標對全球58個城市進行評估，然後評選出2014年綜合實力最強的十大全球城市。其中，香港位列第五；而在2014年全球十個最具影響力的城市中，倫敦名列榜首，紐約排名第而，香港則第六，北京和悉尼並列第八位。（見表4.1）

具體地看，香港可以保持亞太地區最大金融中心的地位，在全球金融中心指數中排名第三位，僅次於倫敦和紐約，便是她能夠躋身全球最具影響力十大城市的主要原因。

表4.1 2014年福布斯全球最具影響力的十大城市指標

城市	FDI 交易量①	總部 共聚量②	航空 聯通率	金融中心 指數	全球城市 綜合實力
倫敦	328	68	89%	1	2
紐約	143	82	70%	2	1
巴黎	129	60	81%	29	3
新加坡	359	0	46%	4	9
東京	83	154	59%	5	4
香港	234	48	57%	3	5
杜拜	245	0	93%	25	27
北京	142	45	65%	59	8
悉尼	111	21	43%	15	14
洛杉磯	35	0	46%	無上榜	6

註釋：① FDI交易量是指五年平均外來資本交易件數。
　　　② 總部共聚量是指福布斯全球2,000強企業總部數量。

資料來源：參見《福布斯》雜誌，2014年全球最具影響力10大城市評選。

日本民間機構森紀念財團城市戰略研究所，自2000年以後，每年對世界40個大城市進行評測，公佈《世界城市綜合競爭力排行榜》。該排行榜的評測包括經濟、研究開發、文化交流、居住條件、環境和交通六個方面，將各單項得分累加後計算出總分。在《2015年世界城市綜合競爭力排行榜》中，倫敦奪魁，香港在40個大城市中位居第七位，比2014年和2013年分別排行第九和第十，上升二至三位。森紀念財團都市戰略研究所的分析報告稱，香港在經濟、交通、研究開放等單項排名中較為靠前，但在環境和居住等方面的優勢卻不夠明顯。

全球主要有二個機構專注以城市經濟增長和發展前景，作為未來預測和評估的研究。他們分別是美國的布魯金斯研究所（Brookings Institution）和麥肯錫全球研究所。

自2009年起，美國的布魯金斯研究所每年都會發佈《亞太地區都市觀察》報告，以100個亞太城市（不包括美國大西洋沿岸城市）的人均GDP增長（以購買力平價（PPP）計算）、就業增長率來研究其發展走勢。《2014年亞太地區都市觀察》

香港在經濟、交通、研究開放等方面的排名較為靠前,但居住環境卻不如理想,不僅樓價高昂,樓宇密度也相當高。

中，香港的二項經濟增長資料均位列100個城市中的78位；而2009-2014年間的經濟增長率和就業增長率則排在第67位。新加坡在2014年排名第34位；2009-2014年期間則排行第40位，由此看出，香港在經濟增長方面明顯落後。增長率排在最前列的主要是亞太新興經濟體的城市，尤其是中國的城市。美國西太平洋海岸城市的排名全部在香港之前，其中的聖荷西市（San Jose）更在2014年排名第6。

2011年3月，麥肯錫全球研究所公佈2010-2025年未來的600個城市發展預期，而且根據每年的資料作出修正。麥肯錫對於城市發展的預期，建基於七個考量因素上，包括GDP總量（PPP）、人均GDP（PPP）水平、GDP增長率、人口、兒童、城市住戶，以及年收入超過二萬美元以上的中產住戶佔比，並把它們視為未來15年城市發展的考核指標。

根據測算，香港於2025年會有三項指標列入全球頂級的25個大城市中：一是GDP總量，位列第25；二是GDP增長率，同樣位列第25；三是年收入超過二萬美元的中產佔比，排在第18位。所以，香港憑此指標可以位列全球25個最富裕的城市之列。可是，其GDP總量的排名卻在上海、北京、深圳、天津、重慶

和廣州等內地城市之後；而GDP增長率則排在上海、北京、天津、重慶、深圳、廣州、南京、杭州、成都、武漢、佛山、瀋陽、西安、東莞之後；中產住戶佔比則在上海和北京之後。在麥肯錫的未來預期中，我們可以看到中國將是未來15年城市發展最為迅速、最富裕的地區。而香港要保持GDP總量在全球前25個大城市之列，就必須在未來15年以GDP年均4.3%的速度增長。

由此可見，香港目前從經濟功能上，憑藉高端服務業聚集和全球金融中心的地位，位居全球城市的前列。可是，從經濟增長指標和未來發展前景看，香港卻充滿挑戰。根據麥肯錫的報告顯示，香港未來15年的GDP年均增長率必須達到4.3%的速度，人均GDP年增長速度則為2.9%；但布魯金斯研究所的報告卻指出，香港在2009–2014年的人均GDP增長率僅為1.5%。對比兩項調查報告，可以反映出香港要達到且維持未來15年間的GDP年均增長率為4.3%並非易事，而且充滿未知之數。但無庸置疑，這是決定香港可否在2025年躋身全球25個頂級城市之列的關鍵。

判斷香港經濟優勢的現狀

從全球主要機構發佈的研究和報告中，無論是經濟競爭力的綜合資料，是各個不同競爭力因素的指標，還是構成全球城市的經濟功能方面，香港都具有經濟競爭力，並躋身世界前列。同時，在近年的香港和內地社會裏，亦不斷出現議論甚至質疑香港經濟競爭力的聲音。因此，如果能知道世人怎樣看待各類國際機構的評估，然後可以就香港經濟競爭力作出客觀判斷，相信對香港經濟的未來發展具有十分重要的意義。

國際社會對香港經濟競爭力認識的側重點

國際社會上，各個機構都採用不同評估標準來判斷香港的競爭力。儘管標準不同，但是對香港競爭力的肯定或正面評估，大多與香港經濟的對外競爭力（即國際市場拓展、全球供應鏈等）相關。即使是美國傳統基金會這個全球最為保守的極右派機構、以推動新自由主義登上經濟正統地位的財團組織，其發佈的經濟自由度指數，在目前經濟全球化的發展進程中，也有相當可取之處。

首先，作為競爭力的構成因素和主要表現，香港的經濟自由度指數、營商環境便利指數和互聯互通指數，應當是體現香港經濟對外競爭力的主要指標。經濟自由度主要體現在香港自由港地位的獨特性，以資本、資訊、金融等要素的自由流動為主要內容；而香港的簡單稅制、低稅率、廉潔政府、法治及司法獨立、基礎設施、員工生產力等，均顯示出香港的營商環境便利性；香港通過跨境的各類經濟要素大量流動，建構了互聯互通的全球供應鏈網絡，則反映出香港經濟十分國際化。由此，上述的三個指標，實際上囊括了我們經常提及的香港競爭力所有具體內容，即經濟的國際化與跨國網絡、自由開放的經濟體制、現代國際經濟體系的商業文明與規範。

以經濟自由度和營商環境評定一個經濟體競爭力的概念，是源自1990年代以後資本主義體系中，新自由主義的興起，以及所帶動的經濟全球化，並由擁有右派背景的美國傳統基金會開始採用此評估標準。因此，無論是在經濟全球化的興盛時期，還是目前對新自由主義的反思階段，這種看法都備受國際和香港社會質疑。「自由放任主義並不能確保香港會出現全面的市場競爭或有效的市場運作。由於將香港政府培植的親商環境等同於香港的競爭力，曾經成為趨勢，因此，卡托研究所、美國傳統基金會和世界經濟論壇經常將香港列為全球最具競爭力的地

方之一。其實，這些評估都有誤導成分，但是卻令香港的官員和商界領袖引以為榮。事實上，按照較為客觀的標準，香港並不比經濟與合作發展組織的普遍成員更具競爭力。」[3]

事實求是地説，我們確實不能僅靠一個經濟體的經濟自由度和營商環境來判斷其整體競爭力，但卻可以用作資本全球流動、經濟全球化時期，評定一個經濟體在對外競爭力方面的表現。香港形成經濟自由與親資本的營商環境已有一百六十多年的歷史，但在前一百多年間並未對香港競爭力有任何幫助，反而在近60年來能夠有助香港促進經濟的高速成長和對外經濟競爭力。其根本原因應該是1980年代以後，資本進入全球流動、市場擴張踏入高度全球化的階段。這是新自由主義和新馬克思主義，以及當下的反全球化思潮均不能不面對的現實。客觀地説，經濟全球化已經是資本主義發展進程中，不可逆轉的現象。

3.　顧汝德（2011）。《官商同謀──香港公義私利的矛盾》。香港：天窗出版社。44頁。

對於一個高度依賴外部資源和市場的經濟體，對外的競爭能力在經濟全球化中尤為關鍵。吸納外部資本流入的能力、參與國際市場的深度，關係着經濟體的興衰和發展。因此，自由開放的經濟體制與便利化的營商環境，必然是經濟體興衰和發展的基礎，同時也是她形成對外經濟競爭力的主要因素。也就是說，如果我們把香港的競爭力評估，僅局限於對外經濟競爭力，即是視經濟自由度和營商環境為構成經濟競爭力的因素，應當是無可厚非的。

其次，在香港經濟功能和全球城市的國際評估方面，香港的經濟體量和規模並不足以使其進入世界的前列。而國際機構所關注的並非是城市的經濟體量，而是城市控制全球戰略性資源、產業和通道的能力，即城市的經濟功能。因此，能夠讓香港成為世界前列全球城市的主要因素，是香港全球配置資源的經濟功能，即國際金融中心、資本運作中心和物流供應鏈網絡。香港的經濟競爭力具體地體現在這三個領域上。而這些經濟功能聚集在香港城市範圍，使她成為全球經濟的一個重要節點，故造就香港全球十大城市的地位。但是，全球城市的需求與發展是與國際市場相聯繫的，而非香港本土的基本經濟需求。因此，香港作為全球城市和全球戰略性資源配置的節點，本質上也充分體現出香港對外經濟競爭力。

歸根究底，與歐美國家和中國等地不同，香港是一個依賴外部市場來獲取經濟發展動力的城市。這些經濟體擁有廣闊的內部市場，經濟競爭力不僅體現在對外部分，更蘊涵內部經濟發展的動力。她們控制和配置全球戰略性資源、產業和通道的對外經濟競爭力，主要集中於各國的首要城市，例如美國紐約、英國倫敦及中國上海。而香港本身就是區域性的首要城市，其經濟競爭力的主要內容集中於對外競爭力，應當是客觀的決定。

香港的競爭優勢是特定或特殊優勢

從香港確立優勢與發展歷程看，香港的經濟優勢主要是對內地的優勢。然而，隨着內地的市場化改革和開放，以及最終納入現代世界經濟體系之中，香港對內地的優勢逐步從絕對優勢走向相對優勢。無論是2015年李克強總理在兩會期間發表的政府工作報告，還是國家發展改革委員會、外交部和商務部在同年聯合發佈的中國「一帶一路」願景與行動計劃，二個文件對香港在國家改革開放和現代化建設，以及「一帶一路」戰略中的地位，均使用了一個定位詞，即特殊優勢與作用。

實事求是地説，香港目前對內地的優勢應當是特有、特定方面的優勢，而非改革開放初期，帶領封閉落後的中國進入全球化網絡的全面或絕對優勢（包括產業、市場、服務、金融、國際慣例與法治等）。歷經37年的發展，中國的改革開放與全球化程度都獲得巨大的躍進，經濟體量與體質更是不可同日而語。中國不但成為全球第二大經濟體，更形成排名世界第一的中國製造、中國貿易網絡。今天中國製造與中國貿易的發展水平，已經是作為全球具競爭力的香港服務型經濟體遠不能涵蓋與企及的，尤其是香港缺乏為中國工業化第二、三階段服務的重化工業、裝備製造與高級精密加工的各類功能與基本設施。再者，在目前全球新興的工業革命與內地進入創新驅動的經濟新常態中，香港已有不少領域落後內地之後。從這個角度看，中國愈開放、愈強大，香港的獨特性和優勢則愈小。

今天的香港，其最大優勢是背靠祖國內地，而香港對內地的優勢則是在特定領域。如果説過去37年來，內地經濟發展實在有賴香港，那麼香港未來的發展則會較多依賴內地。就目前的香港優勢看，有以下幾個特點：

第一，香港的優勢主要集中於其軟體基礎設施與軟實力，而非實際的經濟體量。這些軟實力的主要體現為香港在全球市場上並非是做產品交易，而是進行帶有中間投入性質的服務貿易，

尤其是高端的生產者服務。香港是全球僅有的幾個經濟體，能
夠在服務貿易方面長期保持順差，排名僅次於美國和英國。事
實上，香港的特殊優勢與本土的基礎設施和軟實力息息相關。
香港高度成熟的市場體制、法律與法治，包括金融、專業服
務、產權及智慧財產權等立法與法治，是形成其特殊優勢的制
度性基礎設施；而中西合流的文化與商業傳統、經營習慣和長
期形成的職業操守，則是香港在特殊優勢之下形成的軟實力。
這種基礎設施和軟實力是香港積聚一百六十多年的歷史沉澱而
成，而非一蹴而就。它立足於香港本土，是香港服務業具世界
級競爭力的根源所在。現在的香港已經不是實體的貿易和航運
中心，但是其互聯互通指數和物流效率卻排在全球前列，說明
香港在全球價值鏈和供應鏈中，仍然佔據價值鏈高端地位。

第二，香港經濟軟實力的產業就是高端專業服務業，又稱全球
先進的生產性服務業和國際金融中心。也就是說，香港的特殊
優勢不再是經濟體量，而是經濟功能。香港高端專業服務業提
供完善、高效率、低交易成本的服務，並非其他經濟體可以媲
美的。十分有趣的是，香港作為服務貿易順差緊隨美國和英國
之後的經濟體，其服務貿易順差在2013年以前的最大來源地並
非亞洲，而是美國，其次為英國與西歐。以2013年的統計數
字看，來自北美的服務順差佔香港服務總順差的29%；西歐則

為24%，二者佔比達到53%。從服務順差產品的內容看，香港對歐美服務貿易順差的產業，依次是金融、商用服務業、運輸業。[4] 2014年因內地實施自由行政策，使她成為香港服務貿易最大順差的來源地，旅遊產業自然而然成為最大的順差產業。但是，這並沒有改變香港對英美國家的服務貿易順差地位。這個事實亦表明香港能夠對美國這個全球第一大服務貿易體中取得順差地位，是香港專業服務業、金融業、物流業的世界級競爭力表現，更反映出香港作為全球城市的資源和要素配置中心地位。

第三，香港對於內地的特殊優勢，應該是她在長時間內也難以複製或代替的優勢。這種優勢並非與單一的經濟體量相關，而是與香港本土因素和經濟功能緊密相連。我們稱之為香港的核心優勢。也就是說，內地目前還未具備形成香港特殊優勢的本土條件，即制度性基礎設施和軟實力。如果只是從GDP和經濟體量比較，相比一些內地城市，如位於珠三角地區的廣州和深圳，香港在未來不會再佔有優勢。雖然香港的經濟體量開始不

---

4. 香港特別行政區政府統計處（2016）。《2014年香港服務貿易統計》。

佔優勢，但是其主要經濟活動依舊涉及全球經濟版圖。無論是國際貿易、資本投資、金融佔有量方面，還是商品、金融、服務、人員和資本的全球流動方面，它們佔香港GDP比重都是內地城市不可相比的。由此可見，香港目前對內地的經濟優勢主要集中於高端專業服務業、資本運作中心和金融中心，而這正是香港作為全球城市的主要特徵。

香港特殊優勢與港人感受之反差

國際社會普遍對香港經濟優勢持正面肯定的態度，而中央政府亦高度認同香港的特殊優勢。相反，面對同一問題，港人的看法似乎與他們存在一定差距。不少港人從自身的感受上，開始質疑香港優勢的存在，而且更有人漸漸對香港未來的經濟發展失去信心。香港社會之所以會出現這種認知上的反差，既與近年來香港與內地的經濟差距日益縮小有關，更大部分原因是來自香港現在經濟優勢的特殊性或全球城市的特點。

首先，自2000年之後，香港與內地城市之間的經濟體量對比開始逆轉。1980年香港經濟為當時珠三角地區的11.7倍；1990年為5.8倍；2000年為1.5倍；至2010年則僅為珠三角地區的46%。2003年廣東省的經濟總量已超過香港，2015年廣州的經濟總量首次超越香港，而深圳預計在2016年也會進入這個行

列。[5] 在經濟體量方面，香港對內地城市一直享有絕對優勢的地位，但在短短20年間香港卻被反超，其逆轉速度之快是內地與香港都無法預料的。2000年之後，香港經濟增長速度明顯放緩。從美國布魯金斯研究所測量的亞太100個城市的經濟增長排行榜看，香港位居第78位，不僅遠遠落後內地城市，更排行在新加坡、台灣、韓國和所有的美國西太平洋海岸城市之後，而且與「失落了20年」的日本城市並列同一位。[6] 這種狀況不能不使港人在提及香港優勢之時產生失落感。

其次，目前香港特殊經濟優勢所體現的主導產業，是高端專業服務業和金融中心。這些活動屬於企業與公司之間的中間投入和消費，稱之為生產者服務。這預示着香港已經踏入全球城市的發展階段。全球城市主導產業的需求和發展，要與全球市場相聯繫，而非本地的基本經濟需求。這個特徵與香港以製造

---

5. 資料源自香港特別行政區政府統計處、廣東省統計局。
6. 資料源自美國布魯金斯研究所，《2014年亞太地區都市觀察》。

業、生產性服務業主導的時期，具有很大差別。這兩個時期的城市發展，主要與本地或離岸製造業和服務業大量生產和消費的特徵相關，必然有助促進大量本地中產階級的出現，以及持續提升本土居民的消費。可以説，這是香港本土消費市場擴張和居民財富積累的黃金發展時期。

全球城市的發展與本土基本經濟需求的隔斷性，必然導致新產業在全球城市中增長。這不是建基於本地最終消費的增長上，而是面向國際市場的服務出口，即公司和企業的中間消費上。因此，全球城市的關鍵市場並非消費品市場，而是全球的資本和服務市場。也就是説，新增長的動力並不趨向擴展本土中產階級和消費。而主導產業的高附加值和高薪收入，與本地消費部門的低報酬工作崗位增加，就是全球城市兩極分化的產物。[7]

---

7. 沙森（Sassen, S.），周振華等（譯）（2005）。《全球城市——紐約 倫敦 東京》。上海：上海社會科學院出版社。

國際社會對香港經濟優勢的肯定、國家對香港特殊優勢的認同，其實均集中於香港的全球化先進生產性服務業、資本運作的市場和金融中心。也就是說，目前香港的優勢，主要集中於國際市場的資本、資金、資訊等方面的配置功能，而非香港本地的實體經濟發展。即使是國際貿易與航運，也因為近年的非實體化發展，而集中於商界、企業之間的離岸交易。

香港近十年的全球城市發展證實了上述的判斷。香港的全球先進服務業和金融業的高級人才均來自全球流動市場。這些人才擁有高薪厚職，不但逐步拉大與香港本土消費產業和部門的收入差距，同時也導致本土就業機會主要集中於低收入部分。由於缺乏其他本土新產業的出現，就業需求大量集中在低附加值的零售和酒店餐飲部門，以及各行業中的低下層職位。以香港的就業空缺率看，近十年來酒店餐飲和零售業的空缺率最高，其中的酒店餐飲為香港整體空缺的二倍；而所有行業的空缺都集中於中低層職位。這種狀況說明，雖然香港保持充足的就業機會，並存在人力短缺的問題，但絕大部分的就業機會和人力需求均聚集在低附加值的行業或職位，故對提升香港整體的收入水平起着壓抑作用。

香港整體社會階層向上流動的固化和中產階層不升反降，更加深港人對香港經濟發展的疑惑。我們僅以香港主要行業的人均附加值水平，以及香港近十多年的年均實際薪金升降作為例子，就可以看到這個趨勢。

從表4.2及4.3可見，在金融行業與其他行業的人均增加值存在極大差距的情況下，從1999–2016年的17年間，金融業實際年薪的增長卻是最低增長行業的十至十多倍。除零售業因近年自由行的影響有一定增長外，香港大多行業的實際薪金水平基本上處於停滯狀態。也就是説，香港近十多年來的全球城市發展中，港人並未享受到它所帶來的經濟紅利。尤其是作為最高端的專業服務和金融業，即收入最高的人員部分，基本上是全球流動的高端人才，而非本地港人。這種狀況無疑加深港人對自身處於不利地位的感受。

世界上最為先進的全球城市，例如紐約、倫敦、東京等，其經濟優勢與本地基本經濟需求脱節，造成階層固化、收入兩極分化的結果，但不會形成本地居民的強烈反彈。因為這些城市都是一國之內的經濟中心，其反彈的壓力可以通過與周邊地區的人員、工作崗位的流動，得以解套和化解。即便如此，這些全

球城市也會透過推動政策，鼓勵經濟多元發展，活躍本土的創新與創業。在彙聚和配置全球戰略性資源，發揮全球網絡重要節點功能的同時，全球城市亦發展出與本土經濟互相聯繫的經濟活動。例如，紐約不僅是全球金融創新產品的前線、資本和利潤分配的中心，也是美國時尚產品設計、流行文化、科技研發（如全球桌面型3D印刷的領頭企業MakerBot就在2009年於紐約成立）的彙聚之地。這充分體現出作為一個主要服務於國際市場的全球城市，其內部與本土經濟需求互相聯繫的經濟活力和新產業創造力。

相較之下，香港因兩制而與周邊地區形成邊界限制，導致香港對全球城市的發展產生經濟隔斷性，在客觀層面失去通過人力資源的地域解套和化解能力，令階層固化和收入分化只能在香港社會內部凝固。另外，香港經濟的潛在劣勢亦導致其內部市場出現全面經濟壟斷的現象，壓抑了新需求與新產業產生的活力與動力，使經濟結構向單一化發展。由此可見，目前是香港朝着全球城市發展的重大轉型期。在香港經濟優勢不斷轉向全球城市之時，全球城市與生俱來的經濟隔斷性，與香港潛在劣勢的突顯，形成一種疊加效應，更對香港經濟的發展蒙上陰影。因此，我們要了解香港優勢的發展走勢，就必須同時關注香港的潛在劣勢。

表4.2　2014年香港主要行業人均增加值

行業	人均增加值	行業	人均增加值
銀行	2,286,800	貿易及批發	855,496
電訊	1,948,338	陸路運輸	810,840
金融市場及資產管理	1,512,132	專業及科技服務	549,361
保險	1,304,397	水上運輸	500,924
航空	1,071,431	零售業	275,300
地產	883,505	餐飲業	209,868

資料來源：根據香港政府統計處《服務業統計摘要2016年》計算，2016年6月30日。

表4.3　2016年第1季香港就業人士實質平均薪金指數

行業	指數	行業	指數
金融與保險	193.0	資訊及通訊	107.4
零售	132.2	製造	111.1
進出口貿易及批發	117.4	社會及個人服務	94.9
地產活動	116.3	專業及商業服務	103.0
住宿及膳食服務活動	106.3	運輸、倉庫、郵政及速遞服務	104.6

資料來源：香港特別行政區政府統計處（2016）。《工資及薪金總額按季統計報告（2016年第1季）》。49頁。

香港經濟潛在劣勢的表現

香港的經濟潛在劣勢並非在今天形成，而是一直伴隨着香港經濟發展，與經濟優勢同時存在的。香港的優勢與劣勢同樣源自其經濟發展的獨特性。所謂「成也蕭何，敗也蕭何」，就正是這個道理。正如效益成本分析是經濟學的基本框架一樣，香港經濟發展的獨特性產生的優勢與劣勢，形成香港經濟發展的效益與成本。而問題的關鍵是在於哪個因素佔據上風。在此，人們的主觀努力對優劣勢的逆轉具有重要作用。

事實上，正是香港經濟發展的獨特性，造就香港經濟中的二元表現：對外市場的競爭力與內部市場的壟斷性；對外經濟要素、資源的高度流動與內部階層的凝固性；對外經濟的高收益與內部經濟的低效率，以及缺乏活力與創造力；親資本的政商關係與政府號稱的「積極不干預」等。

這些獨特性在社會層面也是財富高度積累於資本與全民低福利共存，以及政治上強調兩制（拒中）與經濟上強調一國的表現。上述反差極大的二元矛盾現象，就是今天香港經濟社會的真實寫照。

實際上，對於香港的潛在經濟劣勢和缺陷，回歸後，在尊重「港人治港、高度自治」的原則下，中央政府已多次提示香港要關注「香港的深層次矛盾」。習近平主席更在近年就香港問題的講話中，提出中央政府對香港經濟發展的關注重點是香港人的福祉。但是，在香港經濟發展的固有獨特性之下，這些問題基本上是無法可解的。

香港的自由放任資本主義或新自由主義，使香港政府完全沒有控制資本的無限擴張，卻限制政府對社會與民眾的公共供給。在香港經濟長期發展方面，政府導向的職能完全「缺位」。這個源自港英政府在「借來的空間和借來的時間」形成的經濟治理思維，從自由放任、「積極不干預」，到其後的「小政府，大市場」原則等，再加上政府在自由市場上實施親商、親資本的重商主義，嚴重偏袒資本和商界，必然會對香港造成以下的經濟劣勢：

第一，香港作為自由港一直實施簡單稅制、低稅率，且不對資本徵稅。這個體制雖然有利外商進入香港，但不受限制的資本在香港內部市場擴張，卻導致香港本土市場出現壟斷情況。這些壟斷企業對香港經濟擁有強大的影響力。銀行業、地產業、

電力業、港口和機場，包括其他不需要面對海外直接競爭的行業，在港英時代就由英資財團壟斷。1980年代中期，隨着英資因97問題逐步退出香港，華資財團開始填補其空白位置，最終取得壟斷地位。港英政府和回歸後的特區政府放任地產財團壟斷，不但造成世界罕見的房地產業獨大現象，更形成香港十分畸形的經濟結構。至今為止，壟斷財團以地產業獨佔香港經濟增長收益絕大比重的情況，並沒有得到任何節制，最終形成今天被港人稱之為「地產霸權」的香港市場狀態。

全面的市場壟斷在香港造成兩方面的結果。首先，市場壟斷本身扼殺經濟活力，壓制了新產業和新技術進入香港市場。在經濟收益集中流向壟斷利益集團的同時，亦直接導致經濟體內部無法創造新的增長動力，形成新的經濟結構。這就是為甚麼香港近年來的經濟增長偏低、內部缺乏創新、新產業和新企業無法進入市場而導致社會結構陷入僵化的主要原因。事實上，近二十多年來，香港市場上一直沒有新企業冒起，更遑論新興產業，故香港經濟結構出現單一化是不可避免的現象。

經濟的全面壟斷更影響到香港最具競爭力的金融市場。利益格局的固化不但使金融規管的制度條例呈現固化，為許多金融從業者詬病，還阻礙新經濟的企業在香港上市。在阿里巴巴（Alibaba）無法在香港上市而轉向美國股市之際，馬雲就極其尖銳地指出香港股市是地產壟斷、只適應傳統企業的市場。由

此可以理解，為甚麼香港這個全球第三大的金融中心，在內地經濟不斷崛起，亞洲基礎設施投資銀行、絲路基金（Silk Road Fund）和互聯網金融等大量金融創新組織不斷成立之時，香港卻沒有產生任何金融創新產品。

其次，資本全面壟斷市場，使香港經濟增長的成果向壟斷資本集中，而並非由社會民眾得益。在香港工業化時期，港英政府就採取自由放任政策，無視資本對勞工盤剝的做法。在當時勞工主要為移民的情況下，香港工業化以犧牲勞工的代價取得快速發展。香港政府本身很少提供公共供給這一做法，雖然在勞工組織的壓力之下有所收斂，但是並沒有作出根本性的改變，而且被延續至1997年以後。地產霸權在香港出現，而且實行「贏者通吃」的原則，把經濟增長的絕大部分收入囊中。在這種情況下，香港的大部分精英學者，仍然認為最小的政府公共供給是香港競爭力所在之處，因為高福利的結果一定損害經濟競爭力。這種說法完全忽略了香港在世界經濟論壇十多年來的競爭力評估中，一直排名在實行社會民主主義和高福利而非新自由主義的北歐國家之後的事實。香港把經濟增長的主要推動力——人力資源的再生產成本外在化，全部由勞動者個人承擔，充分暴露了在所謂自由市場下，放任資本無限制盤剝勞動人口的本性。

資本主義體制的經濟分配決定於資本的結構，而在對資本毫無限制、處於壟斷的情況下，大部分經濟增長的收益都屬於資本，而非勞資之間利益均霑。資本不平等是極端的不平等。[8]這一點可以從近年自由行政策為香港帶來經濟增長，當中的利益分配看出。自由行本身是促進香港經濟增長的政策，而非調節香港經濟分配的機制。經濟分配極不平等的機制蘊涵在香港的資本結構中，就是香港因長期實行自由放任政策，而造成資本壟斷的結果。這個結果讓市民承擔起香港經濟成長的代價。因此，習近平主席提出香港經濟發展的宗旨，必須是人民的福祉，其內涵值得香港民眾深思。

第二，在長期缺乏政府鼓勵技術創新、創業的政策環境，以及重商主義的氛圍下，香港的商業活動結構趨於短期化，並成為其十分突出的特徵。資本投資力求「短平快」，商業模式和企業經營被鎖定在短期回報或廉價成本的基礎上。由此，香港商界的主導潮流，一是有資本能力的大財團，選擇中短線回報最好的房地產、旅遊業等，而其他的資本則遊走香港境外，具有十分明顯的「逐水草而生」遊牧特點。這個特點不僅是最終造成製造業在香港被連根拔起的原因，也是至今為止，香港商界

---

8. 皮凱提（Piketty, T.），巴曙松（譯）（2014）。《二十一世紀資本論》。北京：中信出版社。

依舊缺乏企業家精神，經濟活動主要圍繞「商」，而非創新與創造的原因。也就是說，雖然香港擁有大量商人，卻唯獨缺乏有創造性破壞的企業家群體。港英政府與回歸以後的特區政府都倚賴香港精英，而他們便是這樣的商人群體。

政府信奉的自由市場與商界的重商主義互相結合，使整個香港社會逐商而動，並被認為是一個經濟城市的應有之義。香港商界對於外部世界的所有經濟變化，均以是否有「商機」來判斷，政府也以此加以配合。而發展高科技、創新與創業的經濟活動，則一直被社會與商界精英視為不具經濟合理性，沒有市場（即投資者或本地大財團）前景的選擇。所以，香港在需要轉型至發展高科技的年代，並沒有通過政府的引導和商界的努力，朝着新經濟轉型。今天的香港人均GDP已經達到五萬美元以上的水平，但研發（Research and Development，簡稱R&D）則佔GDP的0.7%（2014年水平），屬於全球最低水平。[9]我們由此可以體會到，為甚麼中央政府一直提醒特區政府香港存在的「深層次矛盾」。

---

9. 香港特別行政區政府統計處（2016）。《香港統計年刊（2016版）》。291頁。

自2000年以後，香港在珠三角地區的製造業已經被視為低技術產業。隨之而來的中國科技與高技術產業在全球崛起，香港因為缺乏科技發展而失去經濟向上的動力，對中國產業的影響全面下降，其經濟優勢向金融和資本營運方面收斂，經濟發展動力日益單一化。這本身就是香港劣勢造成的結果。

第三，自1980年代香港製造業轉移內地、1997年香港回歸之後，其經濟發展主要依賴內地經濟。但是，香港經濟發展一直存在獨特的親資本、親商的政商關係，以及政府偏袒商界的傾向，導致經濟成長的利益主要向商界傾斜。1997年以後，香港商界過去與港英政府間互相聯繫的弊病未有去除，相反這個做法得以延續，並用來遊說中央政府去獲取經濟利益。

在香港經濟發展動力日漸狹小的情況下，香港商界並沒有從內部開發可以促進經濟增長的因素和動力，反而向內地伸手，以解套目前的經濟困境，並獲取各種商機。他們更要求內地支持香港，希望以做生意的心態來獲取好處。這種做法本身就是香港的積弊。「北京為了保證香港順利回歸而採取的一些政治上優容、經濟上扶植的政策，也使香港部分精英人士形成了『會哭的孩子有奶吃』的印象，甚至在行為上形成了動輒以香港的

繁榮穩定為要脅向北京予取予求的習慣模式。」[10] 這種行為逐步淹沒香港本身擁有的國際化優勢，使香港變得更中國化、內地化，故未能有助提升其整體經濟的質素。

以2003年香港商界要求中央政府給予內地居民赴港的自由行政策為例，雖然當時的經濟增長起到立竿見影的效果，但香港並未以此作為提升經濟轉型的機會，反而愈來愈依靠自由行作為經濟增長的唯一動力，最終使香港變成內地的「大賣場」。而實質上，這只是把香港對於內地的意義和價值，回復到最原始的自由港套利機制上。事實求是地說，內地需要香港，而她有別於內地的獨特經濟因素，便是香港的國際化，而非香港的中國化。一旦香港與內地沒有差異，則香港對中國而言就沒有了經濟價值和意義。

7. 閻小駿（2016）。《香港亂與治——2047的政治想像》。香港：三聯（香港）書店。27頁。

香港愈來愈依靠自由行作為經濟增長的唯一動力，最終使香港變成內地的
「大賣場」。

第四，目前香港經濟的發展踏入一個優勢與劣勢並顯的階段。與1980-2000年代不同，當時的香港優勢是主導的，而劣勢並未突顯。當香港經濟增長樣動力逐步收斂至全球城市的金融中心、全球先進的服務業功能之時，香港經濟增長缺乏更多元的增長動力，就成為一個突出的矛盾。

香港全球城市的發展因缺乏科技研發因素而造成的跛腳；全球城市在拉大收入差距時更因市場的壟斷「疊加效應」，而加大民眾對社會階層固化、經濟分配不公的強烈反彈；香港經濟的國際化日益消減，加深對內地偏袒性政策的依賴，也導致內地民眾的不滿情緒高漲。由此，香港今天已經真正走進需要深刻反思其「深層次矛盾」、如何造福香港人民經濟福祉的階段。

背負着經濟劣勢的香港，將無法適應當前全球經濟大變局的顛覆性變化。尤其是在第四次產業革命的衝擊之下，全球資本主義體系面臨着500年的第一次大顛覆，即是改為以歐美為主的資本主義核心地區之外的力量驅動經濟增長。全球經濟重心向亞洲新興經濟體轉移。這使未來全球經濟的發展，不再僅是與資本主義的文化、制度和全球經濟秩序互相結合，而是較多與不同於資本主義的文化和社會制度結合起來。香港經濟優勢一直與資本主義的體系相聯繫，尤其是自由放任的新自由主義體系。在應對未來變化之時，如果這種獨特性仍然維持現狀，未有作出任何改變，則香港喪失優勢只是時間的問題。

第五章

在全球經濟大變局中
擴展香港優勢

本書前幾章闡述了香港經濟發展的獨特性，以及過去六十多年間，在這種獨特基礎上，香港在不同時期表現的不同優勢。更指出隨着內地崛起，其經濟日益開放和持續創新，使香港經濟優勢逐步消減。目前香港經濟轉型，進入了全球城市的發展階段，在這個轉型過程中，經濟劣勢開始浮現，大大地拖慢和阻礙香港經濟轉型的進度，使香港深陷「深層次矛盾」之中。

由此，我們可以大膽提出二個判斷。第一，香港目前的經濟優勢，主要體現在以金融中心為主的全球先進服務業。這些高度專業化的服務業使香港成為世界與中國之間的資本流動、配置中心，但是香港的全球先進服務業並不完善，其中缺乏的科技研發服務，更令創新因素和新產業的成長動力嚴重不足，而這是香港經濟劣勢造成的。其二，香港經濟發展的獨特性，是過

去香港經濟優勢形成的原因。但是，在目前的全球經濟大變局中，某些獨特性可能已經不適應香港經濟轉型的需要，而成為發展的阻礙。從這個方面看，要對今天的香港經濟發展問題徹底求解，唯一可行的方式就是從根本改變香港一直以來的某些經濟獨特性，包括自由放任、「積極不干預」的市場經濟、偏袒資本的政商關係。否則，香港經濟轉型的結局很可能是無解的。

本章提出改變香港經濟某些獨特性的觀點，是基於目前全球經濟大變局將出現的顛覆性變化。直至今天，這個大變局的特點和發展走勢，尤其是中國經濟在其中的地位，對未來20年香港經濟優勢的變化，香港長期以來固守的獨特性可能帶來的後果，是難以預測的。為此，本部分將就此展開很粗淺的一些預判和分析。

全球經濟大變局中的世界所趨

2008年的全球金融海嘯不僅終結了美國負債主導的經濟全球化，更是對資本主義全球體系的一個全面挑戰。這個全面挑戰首先是針對1980年代以來，新自由主義佔據話語模式的主流地位；更重要的是針對過去500年行之有效，而且在20世紀最為成功的全球現代體系。在人類經濟發展史上，這不僅是一場全球性經濟危機，還是具重大意義的全球經濟體系的重構。

美國主導的經濟全球化帶來的結果，是500年來形成的資本主義全球地域的分層結構，即由歐美國家為主的增長核心——後發的半邊緣地區——落後的邊緣地區，這種資本全球流動的格局被改寫。歐美增長核心被新興經濟體所代替，增長由資本主義核心地區以外的力量所驅動，這是美國始料未及的。歐美力量的衰落和亞洲力量的崛起將成為21世紀最突出的特徵。

一個截然不同的世界正在形成，全球經濟的運行體制亦正在改寫。根據麥肯錫全球研究所發佈的未來20年預測表明，這個500年來的全球大變局具有四種顛覆性力量。第一是經濟活動和推動力開始向中國等新興市場及其城市轉移。全球經濟重心從500年來的歐美地區，開始重新回歸到西元前到西元1500年的中國、印度等地區（這些地區在西元1500年佔世界經濟的2/3比重）。新興經濟體已經成為全球製造業的主要力量；流入的全球直接投資佔比更達到60%以上；新興經濟體的城市作為強大的增長引擎，帶動着中產階級的崛起。這些增長速度是下一步增長的先兆。至2025年，新興經濟體將有30億人口躋身中產階級，而年消費額將達到30萬億美元，佔全球比例50%，預示着經濟重心重回中亞地區。

第二個顛覆性力量是技術的範圍、規模和經濟影響力的加速。移動互聯網、大資料、雲計算、生物科技、人工智慧、新能源等技術創新將不斷推動經濟和商業新模式的產生與出現，飛速

發展的技術變革造就了全球競爭的新格局，今天的新技術，明天就可能過時。壟斷結構瞬間崩潰，大型企業與新創業者均站在同一起跑線上，這就是未來全球經濟競爭的新常態。

第三個顛覆性力量是人口結構。老齡化、生育率持續下降導致全球勞動人口增長放緩，以提升生產率代替勞動人口的減緩成為一種趨勢，而機器人與智慧型機器人的普及、老年人消費市場的擴張，將成為全球需求的重要構成部分。

第四個顛覆性力量是貿易、資本、金融、人口以及大資料等在世界的流動，或互聯程度大為加強。這種互聯性主要在新興市場之間加強。2005–2015年的10年間，「南南」流動在全球貿易中的比重翻了一倍。即使2008年全球經濟衰退，使貿易、資本等流動暫時放緩，但是，由科技支撐的全球互聯性則在不受干擾的情況下繼續前行，持續加速，開創了全球化進程充滿活力的新階段。[1]

---

1. 道博斯（Dobbs, R.）、曼宜伽（Manyika, J.）、渥策爾（Woetzel, J.），譚浩（譯）（2016）。《麥肯錫説，未來20年大機遇》。廣州：廣東人民出版社。79頁。

實事求是地說，中國就是麥肯錫提出的未來20年全球大變局中，世界四種顛覆性力量的參與者和引領者。中國是未來世界經濟增長的重心地區，是未來經濟新增量的主要來源；中國的科技發展在許多領域都站在世界前列，更在互聯網、物聯網（Internet of Things，簡稱IoT）領域中，推出了許多創新的商業模式和金融模式。大眾創業、萬眾創新彙聚着中國的經濟活力；在人口紅利逐步消失的情況下，中國正力推製造業的升級版《中國製造2025》，自動化、智慧化的發展，使中國已經成為全球機器人需求與製造的最大市場；而2008年金融海嘯以後，中國與亞非地區國家的貿易飛速發展。目前中國已經是全球126個國家的最大交易夥伴，其全球互聯性最為廣闊。

中國順應全球經濟大變局的變化，把四種改變全球的顛覆性力量，具體彙聚在「一帶一路」的大戰略上。中國「一帶一路」戰略的背後，正是全球供應鏈與國際經貿的重心，開始從太平洋一側轉移至歐亞大陸與印度洋，更延展至非洲的具體表現，新供應鏈正在興起並開始超越原有的供應鏈。僅從貿易量的數字看，2015年中國與歐洲之間的貿易接近6,000億美元，超過中美之間的貿易水平，並排在第一位。中國與「一帶一路」沿線國家和地區的貿易規模，在2015年已經突破一萬億美元，佔

中國貿易總額的1/4以上。目前，中國是世界上126個國家的最大交易夥伴國，而以美國為最大交易夥伴的國家只有56個。中國已經成為歐洲、中亞、南亞、西亞和非洲的最大市場與投資者。因此，中國的「一帶一路」戰略正是順應這一全球大變局的全球戰略。

「一帶一路」戰略意圖，與西方學者對於中國崛起，要取代衰落的美國霸權周期的觀點截然不同。中國正在以「一帶一路」來逐步推動全球經濟的共用與共管的治理新秩序，以命運共同體回應美國單邊霸權周期。中國在推動地區發展與合作時秉持的「共」之理念，實現合作共贏、共同富裕是「一帶一路」的終極目標，這就需要一個新的全球宏觀治理秩序。新的宏觀治理非傳統安全問題的本質，而是需要依靠拉動欠發達地區經濟復甦和重振基礎設施，實現人員、文化、資訊的高效流通往來，促使社會文化結構更具開放性、現代性、包容性，通過各國間的投資、產能合作實現推動經濟增長的共同目的。為此，互聯互通就成為最為重要的經濟機制，而實現互聯互通的，就是全球的基礎設施。[2]

---

2. 良納（Khanna, P.），崔傳剛、周大昕（譯）（2016）。《超級版圖——全球供應鏈、超級城市與新商業文明的崛起》。北京：中信出版社。

與美國霸權周期向全球單邊制定經濟規則、提供軍事安全作為全球「公共品」不同，在21世紀，基礎設施，或稱功能性基礎設施，是最為重要的全球公共品。基礎設施，包括實體的港口、機場、鐵路、公路、通訊設備等，以及各國共同制定的自由貿易的規則，是實現全球互聯互通的重要物質和制度基礎，可以主導世界的運轉。目前向全球提供這種公共品的主要貢獻者是中國，而這是中國在「一帶一路」規劃下推動的全球基礎設施建設。

「一帶一路」的互聯互通建設和供應鏈的形成，與1980年代開始美國主導、中國參與的全球供應鏈和貿易網絡，亦即香港作為仲介的太平洋兩端為主的全球供應鏈，有着地域方向的根本區別。這是一條自中國起向西擴展，連帶着亞歐非新興經濟體和歐洲傳統發達國家的新興供應鏈。陸地上是亞、歐互聯，海洋上則是亞、非、歐、大洋洲相通。這標誌着世界經濟未來的主要推動力，是亞歐大陸和印度洋連接的亞非地區，中國的「一帶」準備在亞歐地區建成六個產業走廊；而新「一路」則以南海向西的印度洋、地中海，連接歐洲與非洲。新供應鏈的興起，需要新的互聯互通網絡，包括以基礎設施為主體的成物流運輸網絡。新的供應鏈網絡，也需要資本與金融的支持，亞投行、絲路基金等重磅的金融創新，無一例外地指向中國的西邊。這是未來20年全球經濟新增量產生的地區。

由此可見，在目前世界經濟、貿易整體增長低迷之下，全球經濟與貿易的版圖卻在發生變化。中國這個全球第一大貿易體正

位於赤鱲角的香港國際機場，不但是世界上最繁忙的機場之一，還擔當着國際空運樞紐的角色，是實現全球互聯互通的重要基礎設施之一。

在鋪設「一帶一路」的新商業通道，導致全球資本、貨物、服務、金融、人員和資訊流動的線路從東開始向西轉移。未來最有可能出現的經濟流動增長地區，將是亞歐之間與亞非之間。目前最大的貿易流量已經發生在中國與歐盟之間，而增量的增長則大部分是中國與歐洲的中間地帶，包括中亞、東南亞、南亞與北非。中國市場興起，最大需求的便是能源、原材料、礦產品，迫使中國貿易從太平洋方向，大幅轉向西部的亞歐和印度洋。近年來，在國際貿易持續收縮的影響下，中國對外貿易的總量雖然下降，但是對「一帶一路」地區的貿易量卻處於上升趨勢，佔世界貿易總體量的比例持續上升，正是全球經濟貿易版圖悄然發生變化的表現。

中國從1980年代的改革開放起步，通過參與由美國主導的上一輪經濟全球化，全面地進入現代世界體系之中。與此同時，在香港的仲介作用下，建構了向東的、以中美二國為主體的太平洋兩岸全球供應鏈網絡。而在21世紀美國主導的經濟全球化終結之後，順應世界大勢所趨，以中國為主導開始向西建設未來新經濟增量的全球市場和生產的供應鏈網絡。正是在這個意義上，可以把中國理解為王輯思教授所講的，連接世界東西南北的「中間之國」。[3]

---

3. 源自王輯思教授「中國的全球定位與地緣政治戰略」公眾論壇，2013年8月5日。

世界所趨之中的「香港所長與所短」

過去的三十多年間，香港作為世界市場與中國經濟之間的仲介，主要連接着中國東部沿海地區，成為東部地區與太平洋、大西洋地區的歐美國家之間的全球供應鏈及經濟貿易網絡。這是香港經濟優勢的全盛黃金時期。這個網絡，可以説代表着過去美國主導的，而現在已經開始滑落的原有太平洋全球供應鏈和貿易版圖。過去十年，香港經濟增長低迷，正是這個全球供應鏈和貿易版圖發展速度放緩的一個縮影。香港經濟極需擴展新的全球供應鏈，擴大新的貿易和金融版圖，為經濟的可持續發展提供新動力。

當前全球經濟大變局中的世界所趨，是改變世界四種顛覆性力量的組合，而從中國主導的「一帶一路」大戰略則可以體現出這些力量。這個全球經濟的歷史性轉變，為香港的經濟優勢，開闢了一個擴展潛力巨大的新興市場和新地域空間。香港的國際金融中心地位、全球先進的專業服務業、全球頂尖的互聯互通水平、經濟的高度開放，以及長期累積而成的全球貿易、經濟網絡、高度發達的服務水平和全球一流的營商環境、法治和司法制度等，均是香港能夠把自身的資本籌集、運作和調配能力，以及高端專業服務，延伸至「一帶一路」沿線區域，以擴展香港經濟優勢的成功要素。

香港經濟優勢向「一帶一路」擴展,發揮之所長,可以集中在幾個方面:

第一,在中國目前承擔起向全球提供基礎設施的「公共品」建設中,香港可以充分發揮國際金融中心的融資、資金運作、風險管理和專業服務的作用,從內地的國際金融中心,提升為「一帶一路」的國際資本和金融中心。

第二,在中國企業走向「一帶一路」國家之時,香港不僅可以發揮貿易與融資的優勢,更可以發揮其國際經營的經驗和知識優勢,成為中國企業「走出去」的海外地區總部。與此同時,香港也可以吸引「一帶一路」國家的企業進入其內部市場,成為「一帶一路」國家企業的海外籌資和市場拓展地區總部。

第三,香港的制度性基礎設施和經濟軟實力,即香港高度成熟的市場體制、法律與法治,包括金融、專業服務、產權及智慧財產權等立法與法治;中西合流的文化與商業傳統,營商習慣和長期形成的職業操守,是香港長期與西方國家的經濟聯繫所形成的。這是香港能夠吸引和發展高端專業服務業的優勢條件。香港可以透過發揮其本土優勢條件,吸引西方發達國家的全球先進服務業在香港聚集,成為「一帶一路」國家與西方發達國家之間的仲介,以及高端服務業的聚集中心。

事實上，香港貿易和物流供應鏈的高效率在全球數一數二，反映了高端專業服務業的優勢，可以為「一帶一路」國家提供各類專業服務，以及供應鏈管理的知識。此外，這更可以為「一帶一路」國家的港口、機場和鐵路提供管理人才，並為她們培訓所需人才。

從目前香港經濟發展陷入膠着狀態、經濟優勢日漸消減的走勢看，「一帶一路」應當是香港經濟獲取新的增長動力、進入新經濟增量的市場空間，以及在新的世界經濟增長重心地區，擴展經濟優勢的一個重大歷史性機遇。

以新興經濟體為主導的全球供應鏈正在興起，而且高速成長。然而，令人十分惋惜的是，香港目前並未積極參與全球供應鏈之中，並成為其重要的組成部分。從目前香港資本、貿易、物流的主要流向看，仍然是傳統的美國為主、東向的太平洋版圖。更為重要的是，在中國對世界提供基礎設施的全球「公共品」的建設之中，香港一直置身事外。目前的中國，尤其是毗鄰香港的珠三角地區，對歐洲和中亞地區的海陸空鋼鐵絲路、高速公路的多式聯運，以及海上物流大通道與海上印度洋絲路正在逐步成型。這代表着中國，尤其是珠三角地區「一帶一路」物流運輸網絡，已逐漸成為新興全球供應鏈的重要組成部分。一個新的全球供應鏈體系已經開始落地珠三角地區，但是香港卻不在其中。

香港對於全球經濟大變局的應對相較其他地方慢，其背後的原因正是香港經濟之短，即香港的經濟劣勢。首先，從根本上看，香港的科研發展滯後，使其無法直面全球技術變化所帶來的顛覆性經濟影響力。香港至今為止引以為傲的國際經濟與貿易網絡，是由一百六十多年的自由港歷史形成的。這個網絡積聚了香港與西方世界溝通的社會和人脈關係，確實是短期內無可替代的。香港一直在中國與世界之間充當着中間商的角色。可是，當全球技術進步催化的跨境電子商務正逐步興起，並成為新型的商業與貿易模式之時，相信對香港的國際經濟貿易網絡優勢，以及其中間商的地位，勢必是一個巨大的衝擊。

一旦電子商務作為消費者和生產者之間直接交易的平台，商品生產者與消費者之間、資金需求者和提供者之間的流通環節就會大幅減少，使市場交易的邊際成本趨向於零。這是一種商業和金融市場模式的根本性革命。互聯網在一定程度上取代了市場上中間商的作用。尤其是目前中國與亞洲、歐洲之間搭建的數字絲綢之路，成為未來連接亞歐大陸之間的重要商道。這意味着香港作為全球交易中間商的作用，其國際經濟、金融與貿易網絡的經濟優勢，未來極有可能會面臨瞬間崩潰的命運。

相比起全球其他國家如美國或英國，香港的科研發展一直滯後，故香港政府特意在白石角興建科學園，希望有助推動本地的科研文化、發展創新產業。

至今為止，香港在互聯網技術運用和創新方面，遠遠落後於內地，包括網絡採購與購物、互聯網金融與社交網站的創新等。2016年在杭州召開的G20大會上，由中國商界發起，其他國家的企業家共同回應，在中國成立eWTP（Electronic World Trade Platform，電子世界貿易平台）。eWTP的運作目標是將全球80%的中小企業與個人創業者在網上聯繫，形成巨大的貿易規模，從而實現中小企業與個人實現創業與創造財富的夢想。預計至2025年，eWTP的世界貿易總額將佔全球貿易量的15%，可以預料這對香港的國際經濟和貿易中心將會是另一個衝擊。

其次，香港目前所有的經濟優勢，包括貿易和資本網絡，基本上都是與西方發達國家聯繫的優勢，如互聯互通指數，其聯通的主要為發達國家的傳統市場。中西商業文明溝通的世界網絡，這個香港經濟發展的獨特性，使香港網絡局限於歐美國家的商業文明。而未來世界經濟的主要增量地區，則全部指向中國的西方，即新興經濟體和發展中的經濟體。這些經濟體具有不同於資本主義的文化和社會制度。香港到目前為止，僅與這

個位於未來經濟重心區域的東南亞地區有着密切聯繫，而沒有與大部分「一帶一路」國家，尤其是中亞、中東及非洲地區，積累經濟聯通的經驗和經營的知識。香港對未來的新興市場缺乏溝通，顯然是她進入這個巨大且有經濟增長潛力市場之短板。

在這個短板基礎上，香港企業投資的「短平快」，即缺乏長期投資和深耕經營特點，成為短上加短的因素。這就是為甚麼在珠三角地區的港商設置的海外生產基地，主要集中於港商所熟悉的東南亞地區，並以原有產業的搬遷、維持傳統的貿易和市場為主之原因；而不像大部分珠三角地區的內地企業，闖入中亞和非洲地區。另外，更有不少大型企業在非洲投資，設立工業園區，實行多元化經營和開闢新盈利的市場。

由此可見，香港科研全面滯後，令互聯互通網絡、經濟活動聯繫主要局限於傳統市場版圖。香港商界固守傳統市場，缺乏開發和深耕新興市場的長期投資意圖和策略，成為香港在世界所趨中之短。一位香港的銀行家對於香港如何進入「一帶一路」戰略的看法，十分有意思，可以說是充分反映了香港經濟短板的集中所在。他的觀點是，目前「一帶一路」正處於開發階段，大量投資要很長時間回收，香港銀行、金融與商界均不會

做這種生意，因為這不具經濟性（即不能賺錢）。因此，香港商界，尤其是銀行介入「一帶一路」，應該是在所有基礎設施建設完成，經營環境較為完備的階段。這個想法極具經濟核算的合理性，也是目前香港商界對於「一帶一路」的主要心態，即在新興市場的成熟期才進入收穫成果。可見，已經富裕的香港社會，尤其是商界，已經喪失了積極進取的獅子山精神。與東莞的企業提出在非洲「再造一個東莞」相比，高下之分，一目了然。

香港目前固守傳統的貿易版圖和市場格局，坐等新興市場的果實成熟，希望分一杯羹的想法，會令香港一再錯失重回經濟快速增長軌道的機會，最終使香港的經濟優勢失去在未來經濟增長的新空間，或未來新的經濟增量市場，進一步擴展的歷史性機遇。

摒棄香港之短才能擴展香港之長

無論是香港轉型為全球城市所面對的困境，以及香港面對世界趨勢反應之緩慢，都在說明一個事實。那就是香港經濟發展已經到了不能不直面其劣勢，以及它所產生的根源的階段。當過去經濟成功的因素成為今天經濟發展的障礙時，仍然把這些因素當作不可更改的神聖教條膜拜，這不是科學而是迷信。

香港目前最應該摒棄的，是自由放任和所謂的「積極不干預」政策。這種政策本身在全球產業革命和新技術急速發展時，是經濟體的致命傷。它不僅阻礙科技活動的興起、新產業的產生，更造成香港商界的短期投資和經營行為與心態，尤其是導致香港內部市場出現壟斷、經濟活力嚴重缺乏，以及目前香港的全球城市成為跛腳的根本原因。

事實上，香港特區政府和港人需要對香港已經實施了一百六十多年的自由放任資本主義制度進行反思。如前所述，香港過去的經濟成功有資本主義和新自由主義在1970年代興起的背景。香港曾被視為新自由主義的典範，在全球推廣。即便如此，新自由主義的發起國家，如英國和美國，從來都沒有完全實施過自由放任的經濟政策，更遑論作為當時成功發展的範例，故日本、新加坡、韓國和台灣等東亞經濟體，均選擇以政府積極干預作為經濟發展的特徵。也就是說，香港當時的成功是以目前出現的一系列「深層次矛盾」和民眾的福祉犧牲為代價。而這些矛盾，在現有的自由放任和不干預之下，是永遠無法可解的。

本次美國大選中，奉行經濟孤立主義的特朗普（Donald Trump）勝出，美國頂尖的學者們都認為是新自由主義造成的資本利益凌駕於國民大眾之上，以及社會收入嚴重兩極分化的結果。金字塔頂端的一小撮人的收入倍增，但工人的真實工資卻退回到1960年代水平，這些是被新自由主義政策犧牲的一代人。「工人不會要求更高的工資、福利和安保，只會滿足於停滯不前的工資和減少的福利，按照新自由主義的標準來說，這預示着一個健康的經濟。」新自由主義的「全球化讓全世界的工人階級互相競爭，卻在保護特權階層」。新自由主義「它把不平等推向新的極端，它把生活所需的一切物質金融化、可投機化，它把人的存在徹底改變為金錢交易」。[4] 上述的情況同樣發生在香港，只是情況更甚、更嚴重。

---

4. 源自喬姆斯基（Avram Noam Chomsky）、巴迪歐（Alain Badiou）等在美國大選後接受媒體的專訪，澎湃新聞官方 ，2016年11月16日 。

在資本主義的世界體系中，自由放任資本主義是最為原始的資本主義形態，並非資本主義先進模式的代表。資本主義歷經五百多年的發展歷程，曾經不斷調適制度，以適應其社會和發展的需要。這個歷程證明了資本主義是有制度彈性的，是在不斷改變發展的。從制度競爭力看，北歐的社會民主主義、德國的社會市場經濟，應當勝於香港的自由放任資本主義這個最早版本。新加坡近年來的競爭力評估多次超越香港，也說明了經濟的自由放任和「積極不干預」並不是一個經濟體競爭力的長遠保證。

當香港把自由放任資本主義視為能夠維持其經濟優勢獨特性之時，港人對自己體制優越、對中國體制菲薄的盲目自大心理，使我們完全看不到內地吸取香港高度開放的市場體制之精髓，對自己制度的改革和調適進程。中國在改革自身制度之時，並未採取全盤香港化的做法。在制定市場主體的這個市場經濟的基本大法之時，則採用了德國的公司法版本和歐洲的勞動合同法。這個進程表明社會主義也是具制度彈性的。兩種制度的相互競爭和吸取，應當是人類社會走向更為美好制度的一個歷史

進程。而人們盲目自大的心理，以及對自身制度的凝固化，則忽視了制度也需要更新代替的道理，最終使經濟體走向落後和衰敗。在內地實施勞動合同法的過程中，港資成為所有外資中最為抵抗的群體，例如廣東省總工會在與外資簽訂工資協商協定時，香港某商會一直拖延對峙，充分説明了新自由主義代表着最為保守和右翼的資本利益。

更為危險的是，有些港人並沒有意識到，香港過去的經濟成功是當時世界經濟變化之中，「可一而不可再」的大機遇和產物，長期沉浸在香港體制具絕對優勢的盲目崇拜之中，不能自拔。由此把兩制完全對立，對對方採取敵對心理和防禦狀態，結果陷入自我孤立，阻礙香港與內地之間的自由流動，反而走到了自由放任的反面。目前香港出現的圍城和自我保護心態，正是這種經濟孤立主義的表現。與美國現在的種族仇恨（在港表現為對內地的仇視）的經濟孤立主義同出一轍，只不過沒有在邊界造牆而已。

有不少的香港學者至今仍然認為，香港不是一個具有獨立主權的國家，而是一個城市，因此並不需要政府的經濟介入，以建立獨立的經濟結構，同樣也不需要發展沒有市場前景的高科技，或對新的經濟活動予以鼓勵，只要在商言商即可。[5] 這種看法恰恰忽視了香港是中國主權之下的獨立關稅區，其經濟是相對獨立的。即使是一個國家管轄之內的城市，不需要發展完整的經濟結構，也必須通過不斷吸納和更新代替，為城市帶來經濟活力。從全球研究城市學的前沿學者觀點看，城市是以吸納與更新代替能力作為其經濟發展之核心，並從五個方面為城市注入發展動力：一、新的市場動力；二、新的就業動力；三、新的產業動力；四、新的技術動力；五、新的資本動力。[6] 如果一個城市沒有了更新代替的能力，則必然會走向衰敗的命運。

5. 王緝憲（2016）。《香港怎麼了？》。香港：香港城市大學出版社。

6. Smeets, P.J.A.M. (2011). *Expedition Agroparks: Research by Design into Sustainable Development and Agriculture in the Network Society.* Holland: Wageningen Academic Publishers.

因此，香港要擴展其經濟活力、創新能力和經濟優勢，就必須先從自由放任和「積極不干預」更新代替為積極有為的干預政策，以根治市場壟斷，放開競爭機制，通過有效的市場與有為政府的結合，為產生新市場、就業、產業、技術和資本這五種動力，提供創造性的環境。同時，特區政府亦應該徹底摒棄過去資本壟斷的不干預政策，適度節制資本，讓香港人能夠真正分享到經濟增長的成果。事實上，那種偏袒資本利益、忽視民眾福祉的所謂經濟競爭力，是得不到民眾擁護的。

其次，香港人開始質疑長期以來親商、親資本的政商關係的弊病，這也是香港經濟未來發展要摒棄的特點之一。香港商界精英主導香港經濟，甚至香港的政治生態，是在殖民時期養成的，而且在1997年香港回歸以後也被保持和承襲。對於中央政府當時歡迎這種政商關係，不少港人認為是「中國政府相信商界和專業人士擁有高度智慧，反映他們對香港的發展模式有所

誤解。」[7]也就是説，在當時香港經濟發展急速和優勢突顯的情況下，香港投資者在中國與世界市場的經濟聯繫上扮演着重要角色。所以，中國政府與內地都相信，是香港商界和專業精英維繫着香港的經濟繁榮。因此，在1997年香港回歸以後，特區政府不但沒有廢除殖民時期的政策和措施，也沒有去除殖民主義及其遺留下來的所有事物，而是力圖依靠香港商界的力量，維持香港的繁榮穩定。

當香港市場因資本壟斷日益強化、民眾的經濟利益嚴重受損之時，特區政府非但沒有顧及大多港人的利益，反而依舊把政策的重心放到大財團和大商家身上，這是港英政府從殖民地時期一脈相承的施政思路。而喪失了經濟內部增長動力的香港商

---

7. 顧汝德（2011）。《官商同謀——香港公義私利的矛盾》。香港：天窗出版社。16頁。

界，則把殖民時代的弊病，以做生意的手法，一再運用到與中央政府討價還價和要大禮的遊説上。為了保障香港經濟的穩定，中央政府更深信香港商界精英就是穩定香港的主要力量，不斷回應香港商界的要求。但是，中央政府對香港經濟的大力支持，政治上的優容和經濟上的扶植，並沒有換來香港商界去除拒中的回應。大多香港商界與專業人士均持有外籍護照，採取在內地與海外兩面下注的手法。2003年香港23條立法中，代表工商界的政黨自由黨首先反戈一擊，臨陣背叛，導致香港一面倒的反對聲浪，充分暴露了香港資本家的兩面性。

誠然，香港商界和專業人士是香港經濟發展中的重要資產，但是香港的經濟發展奇跡和優勢，或稱香港模式，絕非是依靠商界的單一努力，而是香港民眾以巨大成本和代價創造的。實事求是地説，經濟發展的成果來自勞資雙方的努力，更何況在港英政府時期實施的偏袒資本、忽視勞工福利的政策下，香港經濟的成功是港人以巨大犧牲換取的。如果不理解這一點，就不可能理解香港的成功模式。

壟斷資本的贏者通吃和香港日益集中的資本結構，必然損害民眾發展經濟的積極性。仕政府與商界關係不能清晰釐定的情況下，民眾對政府的不滿聲音降低了政府施政的能力。這就是近年來香港治理中產生大量矛盾的主要原因。而習近平主席最近對香港問題發表的講話中，多次指出中央政府對香港方針和政策的主要宗旨，在於香港人民的根本福祉。這充分反映中央政府對香港問題的反思和正本清源，把香港未來繁榮穩定的落腳點，放在香港人民而非單一地強調商界和精英的利益。香港的最終發展前景，應當取決於香港人民。

最後，香港全球城市的轉型成功，在一定程度上取決於香港與內地政治建立的互信關係，以及與周邊城市，即珠三角地區形成的合作關係。這是香港經濟發展的獨特性，即中國因素在新形勢下的轉變。

香港作為全球城市的發展，主要聚集高端專業服務業，發揮配置全球戰略性資源和提供資源流動的主要通道之功能。而高端專業服務業（包括法律、會計、管理諮詢、廣告、科研等），在歐美國家均被視為關係國家經濟安全的高敏感行業，而被設

置極高的市場進入門檻。相對來説，歐洲國家的金融資本具巨大實力，金融市場的運作和規則，基本上由他們掌控。由此，金融業反而不是歐美國家的服務業中的敏感行業。我們只要查閱美國對世界服務貿易總協定的承諾，就可以發現專業服務業是美國最不開放的服務市場。相反地，發展中國家與地區，往往會把金融業作為高敏感行業，而忽視高端專業服務業對經濟安全的敏感性。

高端專業服務業之所以被歐美國家視為高敏感行業，是因為這些行業的重要核心資產並非資本，而是掌握着高端知識和技能的人。人才資本是最為重要的戰略性核心資產。即使是美國這樣一個開放的國家，也絕不會在海外建立本國的金融創新、科研和法律服務的中心，因為這關係美國國家經濟安全之核心所在。1997年之前，香港是英國的殖民地，雖然金融業高度開放和發達，但英國並未因為香港的金融優勢，而在香港建立本國的金融中心和高端專業服務業中心。由此，我們可以理解到，各國大力支持和扶植的本國全球城市，通過開放資本、金融產

品、人才的全球流動，吸引大量戰略性資源進入，其背後正是體現國家對全球戰略性資源掌控的核心需要，以及國家主權和經濟安全的主要利益。

香港在向全球城市的轉型過程之中，自由開放的市場體制與中國市場的聯繫，正是其能夠吸納大量海外資本進入、發揮其配置資源和分配利潤功能的原因。但是，香港的高端專業服務業帶有附屬性資本主義的特點，幾乎所有的專業服務業的大型企業、大型的銀行和投資機構，主要都是來自西方國家的跨國公司。與此同時，香港更缺乏創造和科技研發的專業服務，這就是香港全球城市的特點與跛腳之原因。

為了改變目前香港經濟的空心化、泡沫化、經濟結構單一化，以及香港內部缺乏內生增長動力的現象，一些香港學者提出，中央政府應把金融的創新發展、科研資源投入香港，甚至建議在港設置國家級的科研中心。可是，這些建議恰恰忽視了一個重大的事實。回歸近20年，香港卻一直沒有與內地建立起政治互信的關係，至今為止，香港仍然沒有落實《基本法》23條，就國家安全立法。在這樣的情況下，國家根本不可能把關係國家經濟的核心資源，置於一個地處邊陲、拒中成為標誌性的社

會心態，各種或明或暗的抵抗中國影響力，各色抗中和「港獨」分子跳上跳下妖魔化中國；金融與專業服務業由西方國家主導；教育和媒體輿論一面倒向國外，反中、反華言論居世界輿論前列的香港。「如果沒有鞏固的國家認同，香港只會成為外資從中國經濟體上吸血的管道，如何能成為中國信任的國家級金融中心？這也是北京迄今為止從未把香港定位為國家級金融中心的主要顧慮之一。」[8]

香港近年來一直努力爭取成為全球的航運服務中心，卻成效不彰就是一個例子。前幾年香港一些智庫機構，根據實體航運業持續萎縮的現狀，提出要香港發展成為類似紐約、倫敦的航運服務中心，即以航運金融指數、航運服務中心航運仲裁、船舶註冊和管理等為主業的服務中心，為內地提供蓬勃發展的航運

---

8. 閻小駿（2016）。《香港亂與治——2047的政治想像》。香港：三聯（香港）書店。205頁。

業服務。可是這些觀點卻忽視了一點，就是紐約與倫敦是本國的金融中心與服務中心。而上述的各種航運服務，是一國參與航運競爭的核心要素。中國作為全球航運業最大的國家，必須在國內培育發展自己的核心競爭力，而非把核心資源依靠或設置在一個政治上缺乏互信的地方。2016年中國寧波港制定了首個中國航運金融指數「絲路海運指數」，並在全球的航運指數市場上市。雖然香港是一個金融中心，而且多年來一直爭取航運金融產品的上市，可是中國還是把這個金融產品的發行地放在內地，充分地說明了香港全球城市發展的制度性障礙。而要突破這個障礙，23條立法是首要的條件。

事實上，今天香港對於內地的意義僅局限於自由開放的經濟體制，而非具體的物質利益。即使在香港商界的多次要求下，中國「十二五」規劃中把香港列為專章進行論述，其行文也只限於「支持性」的闡述，並未提及香港在內地未來的經濟大局中扮演何種角色。也就是說，在香港與內地的關係上，今天是香港依賴內地，而非是內地有求於香港。香港的經濟前景要依靠

內地維繫，而內地對香港的需要則已經大幅降低。即使目前香港的高端專業服務業具世界競爭力，但在香港與內地完全沒有政治互信的情況下，內地是無法、也不能讓香港在未來的經濟發展戰略和國家競爭的大局中，扮演十分重要的角色。內地能否充分利用香港優勢，香港能否參與國家的競爭大戰略，並不是取決於中央政府，而是要看香港的選擇。這個事實，中央政府與港人都應該十分清晰和明瞭。

未來的全球競爭主體，將從國家走到各國的超級城市，或稱世界級的城市群。事實上，紐約、倫敦、東京等全球城市，都是這樣的大都會城市群。香港全球城市的發展，本質上是與珠三角地區的城市互相聯繫的。城市群是一種通過經濟功能在不同城市間的空間分工形態，具功能和空間一體化的特點。[9]即通過

---

9. Vasanen, A. (2013)."Spatial Integration and Functional Balance in Polycentric Urban Systems: A Multi-Scalar Approach."*Journal of Economic and Social Geography, 104(4)*, pp. 410–425.

資源在城市間的自由流動，使城市間形成不同的專業化分工，從而在經濟功能和空間上形成相互配合、相互依賴的網絡。世界級的城市群或超級城市能夠成為未來全球競爭的主體，在於這些城市群是全球互聯互通的供應鏈的主要節點和樞紐，以及全球產業的科技和創新中心。

2010年為推進廣東與港澳合作成為具競爭力的世界級城市群，廣東分別與香港和澳門簽訂《粵港合作框架協議》與《粵澳合作框架協定》。按照框架協定，三地將在2015年合作奠定這個城市群的初步基礎，即三地的基礎設施聯通、服務貿易自由化的初步實現等，而2020年則是建立這個城市群的時期。但是，至今為止，2015年應該完成的大量聯通性基礎設施，在香港方卻碰到重重阻力而一再延期。與此同時，因特區政府政策失當，在香港出現圍繞自由行政策的各種風波之際，特區政府轉而採取收緊邊界的管制，令大珠江三角洲城市群原有的資源自由流動發展方向，出現逆轉。這種逆轉迎合了香港普遍拒中的社會心態，同時也在珠三角地區引發了民眾普遍的反感。本來香港在地理上就是珠三角地區的一部分，語言、文化、人口、風俗習慣同種同源，經濟交流應該不存在文化和語言的障礙。可是目前香港社會、特區政府的做法，實在難以得到珠三角地區民眾的認同。事實上，在兩地缺乏共同認同的情況下，城市群的推進必然受阻。

按照全球知名城市學家雅各布斯（Jane Jacobs）與眾多城市學者的看法，城市本身就是一個流動的空間，其命運源自其城市與外部的不斷流動，而這種流動帶來經濟聚集和效益，或稱城市活力。更具體地說，城市活力就在於通過資源的不斷流動，發揮出城市本身具有吸納與更新代替的能力。這種能力就是城市生命的根源。[10] 而全球城市正是在與周邊城市的資源自由流動中形成的。香港因兩制的原因，與周邊城市本身存在着實體的邊界，因而阻礙了資源的自由流動，並造成流動中較高的制度成本。而目前香港社會存在的經濟孤立主義、圍城心態，更使這種成本進一步推高。此時，特區政府收緊邊界管制的做法，美其名是為港人利益，實質上卻不利於香港全球城市的發展，最終損害了港人的長遠利益。

---

10. 雅各布斯（Jacobs, J.），金衡山（譯）（2006）。《美國大城市的死與生》。南京：譯林出版社。

國家在「一帶一路」的大戰略中，提出了建立粵港澳大灣區的設想，作為21世紀海上絲綢之路建設的具體實施對策。但是，至今為止，香港仍然沒有與目前中國正在建構的陸上鋼鐵絲路、海上物流大通道和數位絲綢之路對接。廣東在「十三五」規劃中將自己的發展目標定為「建設『一帶一路』戰略樞紐和經貿合作中心」，大力「推動海上物流大通道建設」，以及「海上絲綢之路空中走廊和數字海上絲綢之路建設。建設廣東鐵路國際物流中心，打通絲綢之路經濟帶進出口雙向鐵路貨運通道」。[11] 若香港不與廣東合作對接，則會失去這個歷史性的大機遇，最終很有可能會令擴展經濟優勢落空。

---

11. 來源自廣東省人民政府《廣東省國民經濟和社會發展第十二個五年規劃綱要》，2016年3月8日。

第六章
結語

本書重點聚焦戰後六十多年來香港經濟的歷史進程,尤其是香港回歸20年的經濟功能之轉型,闡述香港經濟優勢的形成、發展、變化走勢,以及其因果關係。除了具體描繪目前香港優勢的內容外,本書也指出香港和內地長期以來對香港經濟模式,特別是香港的經濟成功之原因,存在的誤解和誤判。這種誤解與誤判也直接造成香港回歸後,特區政府乃至中央政府在其經濟治理中產生的失誤和失當。所以,重新審視和解讀香港優勢不僅關係香港經濟的未來發展,也影響中央政府釐定今後香港應實行的政策。

觀察視角與基本觀點

1. 經濟優勢與劣勢產生於香港經濟的獨特性（特點），在不同的歷史條件下，二者之間可以互換。香港經濟發展的獨特性是造就其經濟優勢和劣勢的根本原因。經濟優勢與劣勢是從經濟獨特性上產生、如影隨形的二個不同方向的因素，反映獨特性所涵蓋的效益與成本。經濟優勢的突顯表明在當時的經濟形勢，以及地緣政治和經濟變化下，效益大於成本。一旦全球經濟政治形勢逆轉，經濟優勢則會逐步消減，經濟劣勢隨之佔據上風。香港經濟優勢在戰後六十多年來逐步崛起、發展及進入全盛階段，並在全球金融海嘯肆虐之後逐步減弱，令潛在劣勢開始浮現。這不僅顯示出優劣勢在不同條件下可以互換的事實，也說明了香港目前正處於經濟優勢與劣勢的歷史性逆轉階段。

2. 充分認識香港經濟發展的獨特性，尤其是香港資本主義的特殊性。本書把香港經濟發展的獨特性歸納為四個方面：全球資本主義體系中最自由開放的經濟體制、中西商業文明結合的跨國網絡、親資本政商關係形成的營商環境，以及中國體制以外的城市。

本書亦強調要重新認識香港資本主義制度。香港資本主義版本，實質上是一種附屬性資本主義，或稱自由放任資本主義。在香港回歸之時，無論當時的中英雙方，還是香港本身的認知中，香港資本主義都是其經濟優勢的基本根基、自由港體現的市場經濟。由此，我們談及香港的一制延續之時，往往忽視對香港所延續的特定資本主義內容作出分析，令我們對香港經濟的模式和優勢的來源存在不同程度的誤解。

3. 資本主義世界體系的轉變與新自由主義的興起，是香港經濟優勢進入全盛時期的因素。香港附屬性的自由放任資本主義，並未有助香港在前一百多年的歷史中取得經濟優勢，但她卻在20世紀70年代以後逐步進入優勢的全盛時期，相信與當時資本主義世界體系的變化密切相關。這應當是香港經濟優勢的一個主要觀察視角。事實上，上個世紀70年代資本主義體系正朝着新自由主義的方向作出制度性調整；中國亦推動改革開放政策，以及

轉向市場經濟的制度性變革；而香港自19世紀以來則一直實施自由放任的資本主義制度。這三者的結合，正是香港優勢崛起的「可一不可再」歷史性大機遇。2008年的全球金融海嘯宣告了新自由主義全球化的終結，隨着資本主義體系踏入一個制度性調適的新階段，香港優勢也開始步入由盛轉衰的進程，令經濟發展和轉型逐步陷入產業空心化和經濟非實體化的困境之中。

目前的全球經濟大變局中，香港自由放任的資本主義版本，以及在這個新自由主義和經濟全球化的浪潮中形成的香港經濟優勢獨特性都備受質疑。隨着當下全球經濟形勢之變化，以及香港市場中資本壟斷與獨佔之發展，某些獨特性可能已經不適應香港經濟轉型的需要，而成為發展的阻礙。從這個方面看，要對今天的香港經濟發展問題徹底求解，唯一可行的方式就是從根本改變香港一直以來的某些經濟獨特性，包括自由放任、「經濟不干預」的市場經濟、偏袒資本的政商關係。否則，香港經濟轉型的結局很可能是無解的。

4. 世人對香港優勢與香港模式的誤解仍然存在。香港的經濟優勢及香港模式，既是香港經濟的獨特性，也是過去60年來世界經濟體系變化的歷史性產物。香港開埠前一百多年，上海與其他內地城市的經濟實力遠超香港，就足以證明了這個判斷。然而，至今為止，香港與內地仍然存在對香港優勢和香港模式的誤解。那就是把香港優勢認定為自由放任資本主義的優勢，而且是一種對內地社會主義制度的絕對優勢。這種在體制上對內地的盲目優越感，在港人之間普遍存在。把香港優勢絕對化為自由放任資本主義的優勢，把自身制度凝固化，是一種絕對的誤解。

第二種誤解則是把香港優勢當成是香港商界與精英單獨創造的優勢，而忽略了香港模式背後，港人付出的巨大努力和犧牲。這個誤解在香港優勢全盛時期的1980–1990年代尤為突出，不但導致內地往往把香港回歸後的穩定繁榮，歸功於香港的商界與專業精英，更造成香港在回歸後很長的一段時間中，中央政府對香港商界在政治上優容和經濟上扶植的政策。習近平主席近年來提出的對香港政策的核心，應該是關注香港人民的福祉，反映出中央政府對香港經濟模式的誤解作出正本清源的糾正。

基本判斷與結論

1. 香港經濟優勢目前正逐步向全球先進的專業服務業,包括金融方面集中與收斂,反映了香港產業空心化和貿易、航運物流非實體化的走勢。香港的經濟功能從戰後的港口優勢轉型為外向型製造業優勢;隨後因中國經濟開放而發展為跨境製造業的生產性服務業優勢,即國際貿易和航運物流優勢;隨着香港貿易中心轉型為離岸貿易,香港的國際貿易轉向航運物流的非實體化發展,與前期製造業連根拔起所造成的產業空心化,使香港的經濟功能和優勢,進一步向與生產無關的金融和資產運作聚集,故香港邁向了全球城市的轉型進程。從這個角度看,香港優勢的主要內容從全盛時期的中國與世界市場的商品流動之仲介,向中國與世界的資本流動之仲介過渡(這一經濟功能與一般的金融業相區別)。優勢內容進一步縮窄。

目前香港的經濟優勢有二個特點。第一,從全球各種經濟組織和機構對香港優勢的評估看,香港優勢主要體現在對外經濟競爭力,包括經濟自由、營商環境和世界經

香港作為世界一流的國際金融中心地位，不僅是其經濟軟實力，更是內地在相當長時間內也難以複製或代替的特定優勢。

濟的聯繫（互聯互通）。其次，香港的經濟優勢對於內地而言，已經從改革開放初、中期的全面優勢，轉變為特定優勢。這種優勢較多集中於香港的「軟體」基礎設施與「軟實力」，而非實際的經濟體量上。更具體地說，香港經濟軟實力的產業，就是高端專業性服務業，或稱全球先進的生產性服務業與國際金融中心。這是內地在相當長時間內也難以複製或代替的優勢。由此，香港的經濟優勢已經不再是經濟體量優勢，而是經濟功能方面的優勢。

2. 香港經濟優勢面對的巨大挑戰。香港轉型至全球城市的進程中，即發展和深化其全球先進的生產性服務業和金融中心的經濟功能，面臨着潛在劣勢突顯的巨大挑戰。

首先，全球城市聚集的五大先進生產性服務業（金融、法律、會計諮詢、廣告和科研），香港因缺乏科技研發這一關鍵因素而先天跛腳。其次，世界上各國的全球城市都是舉一國的經濟實力而成，是一國之中的首要城市，彙聚的是本國或世界級企業的全球總部。中國經濟

崛起與中國跨國公司的全球化流動，其全球總部均聚集於中國的首要城市，而非香港。香港主要彙聚的是全球企業的地區總部。這是香港全球城市的天生缺憾；第三，全球城市的經濟功能主要與全球市場相聯繫，而非本地的經濟基本需求。全球城市天生具有的這種經濟隔離性，必然會造成收入和社會兩極分化的特點。在香港與周邊地區因兩制的關係，導致資源和要素不能自由流動的條件下，社會與經濟的矛盾不能如其他全球城市般，通過與周邊地區的資源和要素之間的地理流動而化解。

事實上，上述矛盾之所以會產生是因為香港獨特性帶來的潛在劣勢。一方面，香港自由放任與「積極不干預」的經濟政策，形成內部市場高度壟斷、全球最為畸形的房地產獨大的經濟結構，妨礙了香港科技發展和內部自主經濟動力的產生。另一方面，作為內地體制以外、實施英美主導的附屬性資本主義的香港，至今為止缺乏與內地之間的政治互信，亦阻礙香港在內地經濟發展戰略大局中發揮自身作用。不少港人完全忽視了一點，就是

香港經濟優勢的崛起和建立，實際上是內地經濟崛起的一部分。在缺乏政治互信的情況下，國家不可能放任這類關係國家經濟安全的戰略資源與要素，如金融中心和高端專業服務業流入香港。

3. 摒棄香港經濟的潛在劣勢已是刻不容緩。目前香港優勢正處於全球經濟大變局帶來的顛覆性變化之中。尤其是中國主導的「一帶一路」大戰略，正在開發全球經濟的新增量市場，形成新的全球供應鏈。這個歷史性的大機遇，是擴展和提振香港經濟優勢的重要窗口期。

然而，新的市場空間和供應鏈，與香港優勢所體現的歐美傳統市場和供應鏈不同，其主體是世界的新興經濟體和發展中經濟體。

為此，從根本改變自由放任與所謂「積極不干預」的經濟治理思路、摒棄長期形成的政商關係弊端、建立和適應創新的新興經濟體規則和聯繫的世界網絡，並正確釐定香港經濟中的內地因素，建立政治互信的中、港關係，應當是香港把經濟優勢向新市場空間、新供應鏈擴展延伸的關鍵。